재무설계와 금융상품

김설(金雪) 저

재무설계와 금융상품

FPC대표 김설(金雪) 저

초판 2025.05.26

펴낸곳 FPC 컨텐츠제작본부 ㅣ **펴낸이** 김설(金雪)

주소 경기 성남시 분당구 황새울로 196

E-mail caztop@outlook.kr

인쇄 아텍디자인

출판 지어나눔

가격 17,000원

ISBN 979-11-978748-9-5

이 책은

FPC(Financial Plan Consulting)의 지향점과 같은 책이다.

FPC의 대표兼교육본부장인 저자 김설(金雪)은

금융소비자의 성공적인 금융거래를 위해 재무설계를 제안한다.

<시작하며~>

금융회사에 근무하던 중 어느 순간 재무설계와 관련된 내용으로 책을 써 보고 싶다는 생각을 했었다. 그리고 이제 재무설계와 금융상품이라는 제목으로 책을 쓰게 되면서 가장 먼저 독자에게 말하고 싶은 것이 있는데 책을 써 보고 싶다고 생각하게 된 동기이자 이 책의 지향점과 관련된 내용이다. 이 책에서 얘기하고 싶은 것은 "금융 비전문가(일반소비자)가 재무설계를 이해하고 본인에게 맞는 금융상품을 선택할 수 있게 하는 것. 그러기 위해 일반소비자가 알아야 하는 것을 알아야 하는 깊이까지 정보를 제공하는 것"이다.

필자는 과거 약 29년간 금융회사(대형생명보험회사)의 여러 부서에 근무했었고 고객상담도 했는데 내방하는 고객 뿐 아니라 고객을 찾아가서 상담하는 경우도 많았다. 그리고 사내 조직원 및 소비자를 대상으로 교육과 세미나도 진행하다 보니 자연스레 여러 사람과 많은 대화를 나누었고 이 과정에서 금융정보 제공 뿐 아니라 애로사항이나 불만사항 청취도 하곤 했었다. 그런데 고객들의 금융관련 정보 및 지식이 나의 기대보다 부족(일부 고객의 경우 특정부분에 대한 깊은 지식이 있는 경우도 있었지만 폭 넓게 이해하고 있는 경우는 드물었음)하다는 것을 종종 느꼈는데 이는 어찌 보면 당연한 일일 것이다. 왜냐하면 필자 본인도 과거 내놓을 만한 금융 지식이 없었지만 고객상담 관련 업무를 하다 보니 더 깊은 지식의 필요성을 느끼게 되어 퇴근 후나 주말에 개인 시간을 할애하여 학습하고 자격증 취득도 하며 지식을 넓혔고 그 내용을 업무에 적용하며 현실감 있는 지식으로 발전시켜왔고 이런 것을 20년이상 반복하며 현재 위치에 왔다. 일반소비자도 본인이 종사하는 분야에서 필자의 경우와 비슷한 과정을 거치며 본인 분야의 전문가가 되었을 것이다. 즉, 어느 누구나 본인 분야의 전문가 일지는 몰라도 다른 분야에서도 그만한 노력을 기울일 수 있는 것은 아니기 때문에 금융은 일반소비자에게 어려울 수 있다. 여기에 더해서 최근에는 더 복잡해진 구조나 새로운 개념의 금융상품이 많이 출시되고 있어 일반소비자의 어려움은 더 커지고 있는 것이 현실이다.

우리 주변에는 너무나 많은 정보가 있고 필요한 정보를 잘 찾는 것이 능력으로 인정받는 세상이 되었다. 그러면서 그에 못지 않게 중요하게 대두되고 있는 것이 그 정보의 신뢰성을 검증하는 것인데 이는 만만한 일이 아니다. 이러한 이유로 적지 않은 일반소비자는 본인에게 맞는 금융상품을 선택하는데 어려움을 겪고 있고 나아가 본인의 목적에 맞지 않는 금융상품을 거래하며 문제가 생기는 경우도 발생하고 있으며 또 그런 것이 반복되기도 한다. 필자는 현장에서 이런 것을 목격했을 때 이런 혼란을 줄여서 좀 더 많은 사람들이 안정적으로 금융거래를 하면 좋겠다 라는 생각을 했었다.

그래서 필자는 이 책에서 일반소비자가 재무설계를 이해하고 본인에게 필요한 금융상품을 선택할 수 있는 "안목"을 키우는 것에 도움을 주고자 하며, 그러기 위해 재무설계와 금융상품에 대해 전체를 볼 수 있는 넓은 시야를 키우는 것 즉, 나무 보다는 숲을 보는 눈을 키우는 것에 중점을 두고자 한다. 금융상품을 넓게 봐야 할 이유는 하나의 금융상품을 완벽하게 알려면 알아야 할 것이 너무 많아지고 왠만한 시간을 투자해서는 가능하지도 않으며 그렇게 한다고 해서 얻어지는 이익도 그리 크지 않다. 더군다나 하나를 알기도 전에 새로운 금융상품이 나오고 이런 것이 반복되다 보면 나중엔 알고자 하는 노력 자체를 포기하게 될지도 모른다. 금융상품은 일단 넓은 시각으로 전제적인 구조를 파악하고 시간을 두고 세부적인 내용을 추가해가면 좀 더 빠르고 수월하게 신상품 및 여러 상품을 이해할 수 있다.

따라서 필자는 숲을 보기 위한 내용을 중심으로 기술하려 노력했으며 필요 이상의 세밀한 금융지식이나 어려운 내용으로 방향을 잃는 것은 피하려 했고(가끔은 어려운 내용이 있을 수도 있는데 꼭 알아야 하는 내용이라면 포함시켰다) 암기 보다는 이해를 돕기 위해 노력했으며 가능한 익숙한 용어를 사용하려고 했다. 하지만 금융을 이해하기 어려운 이유 중 하나가 사용하는 용어 자체가 낯설거나 어렵고, 추측과는 다른 뜻을 품고 있는 경우도 종종 있기 때문이므로 필요한 경우 용어설명을 빠뜨리지 않으려 했다. 이렇게 함으로써 소비자는 다양한 금융상품을 이해하는 힘을 키울 수 있고 금융회사와 거래할 때 제안 받는 상품이 본인의 재무목표를 달성하는데 적합한 것인지를 스스로 판단하는 힘을 키울 수 있을 것이다.

안내사항 : 본 책에서 설명하는 금융상품은 특정회사의 특정금융상품을 대상으로 하는 것이 아니고 각 상품의 본질적 특징을 설명하고자 했다. 따라서 여러 금융회사에서 판매하는 동종의 상품을 넓은 안목으로 이해하는데 도움이 될 수는 있지만 특정 금융상품의 세부내용을 알려고 하는 것에는 적합하지 않다.

< 목 차 >

1장. 재무설계

1. 재무설계란 13
2. 재무설계와 재테크 14
3. 자산수준에 따른 재무설계 16
4. 재무설계와 라이프사이클(인생의 5대 생활자금) ... 18
    4.1 5대 생활자금(재무설계) 예시 21
    4.2 재무설계와 위험관리 28
5. 위험의 분류와 관리방법 30
6. 위험의 종류 33
    6.1 대출(레버리지) 위험 34
    6.2 인플레이션(물가상승) 위험 35
    6.3 재산 및 신체 위험 36

2장. 금융상품

1. 금융과 금융회사 40
2. 금융회사의 종류와 특징 41
    2.1 은행 42

2.2 증권회사(투자회사) 43

　2.3 보험회사 44

3. 금리의 이해 51

　3.1 왜 금리에 관심을 가져야 하는가? 52

　3.2 이자를 계산하는 방식 : 단리, 복리 55

4. 은행상품 60

　4.1 적금 60

　4.2 예금 62

　4.3 신탁 64

5. 증권회사(투자회사) 상품 65

　5.1 투자수익률의 이해 66

　5.2 투자수익과 더 큰 바보 원칙 69

　5.3 가격의 변동 : 오버슈팅 70

　5.4 위험과 수익 72

　5.5 포트폴리오(분산투자) 75

　5.6 장기투자를 하라는 이유 78

　5.7 단기 상품 79

　5.8 증권회사 상품(주식, 채권, 신종자본증권, ABS,
　　　정크본드, 파생상품) 80

　5.9 펀드(종류, 일반사항, 투자기법) 94

5.10 시장지표(금리, 환율, 유가, BSI) ... 109

6. 보험회사 상품 ... 119

    6.1 보험료 ... 120

    6.2 보험계약관계자 ... 129

    6.3 보험약관 ... 132

    6.4 갱신보험, 비갱신보험 ... 136

    6.5 무해약보험, 저해약보험 ... 141

    6.6 유병자 보험 ... 143

    6.7 생명보험 상품(종신보험, 정기보험, 변액보험, 유니버설보험, 연금보험) ... 144

    6.8 손해보험 상품(자동차보험, 화재보험, 배상책임보험) ... 157

    6.9 제3보험 상품(상해보험, 질병보험, 간병보험, 실손의료비보험) ... 161

7. 기타 상품 ... 167

8. 금융상품과 세금 ... 169

    8.1 소득세법 개요 ... 170

    8.2 종합소득세 계산방법 ... 175

    8.3 연금저축 ... 179

    8.4 세제적격 연금과 세제비적격 연금 ... 184

8.5 증여세법, 상속세법　　　　　　　　　　　　　　185

3장. 재무설계와 금융상품 매칭(Matching)

  1. 가장의 경제적 가치와 재무설계　　　　　　　　189
  2. 서민층 재무설계 사례　　　　　　　　　　　　　191
  3. 중산층 재무설계　　　　　　　　　　　　　　　218
  4. 자산가층 재무설계　　　　　　　　　　　　　　220
  5. 1인 가구 재무설계　　　　　　　　　　　　　　222

1장. 재 무 설 계

1. 재무설계란?

재무설계는 본인의 미래 재무목표를 달성하기 위해 미래의 현금흐름(미래에 발생할 수입과 지출)을 예측해 보고 지금부터 준비해 나가는 일련의 과정이라 할 수 있다. 즉, 재무설계는 재무목표 달성을 위해 수입과 지출 계획을 설계하는 것인데 미래를 예측하는 것이니 만큼 실제는 예측했던 것과 달라질 수 있고 그러면 계획의 조정이 필요해 질 수도 있게 된다. 따라서 재무설계는 계획, 실행, 조정 등의 과정을 반복하게 된다.

좀 더 세부적으로 얘기해 보자면 개인은 1~2년 이내의 단기적인 목표 뿐 아니라 수십년 또는 평생에 걸친 목표를 모두 포함하는 재무목표를 정해야 하며 각각의 목표를 달성하기 위해 다양한 여러 재원을 각각의 목표에 분배하며 효율적으로 집행해야 한다. 또한 재무설계는 현 시점에서 미래를 예측해 보는 것이기 때문에 미래의 상황변화에 대응할 수 있어야 한다. 따라서 재무설계는 변화된 상황에 따라 적절히 수정 및 보완이 필요하게 된다. 여기서 짚고 넘어가야 할 것은 재무설계를 하기 위해서는 평생에 걸친 재무목표를 정해야 한다는 것이다. 그 이유는 어느 때는 단기적인 재무상황으로 인해 장기적인 재무목표가 변화되기도 하고 반대인 경우도 발생하게 되는데 어느 한쪽만 고려해서 설계를 한다면 설계한 것이 수시로 변경되어 발등의 불만 끄는 형상이 되기 쉽고 시간이 갈수록 재무목표 달성은 기대하기는 어렵게 된다. 따라서 재무설계는 단기, 중기, 장기 목표를 모두 고려해서 설계해야 하는데 이렇게 인생전체를 설계하는 것이 재무설계가 다른 금융 설계와 구분되는 주요특징 중 하나라 할 수 있다.

좀 더 세부적인 내용은 바로 이어서 얘기할 재무설계와 재테크에서 다루기로 하고 지금 재무설계에 대해 얘기한 것을 간단히 정리하자면 [재무설계는 평생에 걸쳐 필요한 재무목표를 현 시점에서 예측해 보고 지금부터 그것을 준비하는 것]으로 정리할 수 있다.

2. 재무설계와 재테크

재무설계나 재테크나 같은 말 아닌가? 하는 분도 있을 거라 생각된다. 하나 예를 들어보자. 고객에게 금융상품판매원 A는 "이 상품에 가입하면 수익률이 5%여서 만기에 1억을 만들 수 있습니다."라고 설명했는데, 금융상품판매원 B는 "이 상품에 가입하면 수익률이 5%여서 만기에 1억을 만들 수 있지만 그 시점에 고객님은 퇴직이 예상되고 자녀 분은 대학에 입학하게 되어 1억을 만드는 것 외에 다른 준비도 필요할 것 같습니다. 따라서 이 모두를 대비할 수 있는 더 좋은 방안이 있는지 좀 더 고민이 필요할 것 같습니다."라고 설명했다. A는 고객의 재산을 불리는 것에만 목표를 두고 얘기한 것이고, B는 고객의 재산 뿐 아니라 고객에게 닥치게 될 미래를 감안해서 추가적인 재무 준비가 필요하다고 얘기한 것이다. 여기서 A는 재테크를 제안했다 할 수 있고 B는 재무설계를 제안했다 할 수 있다. 혹시 여기에 의의를 제기하는 분이 있을 수도 있다. 그 정도는 당연히 생각해서 준비하는 것 아닌가?라고 "맞다" 그런 당연한 생각을 하는 것이 재무설계이고 그렇게 준비하는 사람은 재무설계를 하고 있는 것이다.

하지만 본격적인 재무설계는 이것보다 더 많은 것을 고려하며 설계를 해야 하는 것인데 상담했던 고객 중에는 돈만 불려 놓으면 그냥 해결될 거라는 막연한 생각을 갖고 있던 분도 적지 않았다. 이런 분들은 나중에 "자식 결혼비용 보태 주니 내 노후자금이 부족하다.", "퇴직 할 때가 됐는데 갑자기 목돈 들어갈 일이 생겼다", "목돈을 갖고 있었는데 특별한 수입 없이 쓰기만 하다 보니 앞으로 걱정이다" 등 어려움을 호소하는 경우를 목격해 왔다. 또한 재테크는 재산을 증식하는 것에 중점을 두고 있지만 재무설계는 재산 증식 뿐 아니라 그에 못지 않게 삶의 안전성을 높이기 위한 방법도 고려하게 된다.

그래서 앞으로 다루게 될 재무설계에 대한 내용은 내가 재무목표로 무엇을 설정해야 하며 그것을 달성하는데 어떤 것이 더 합리적이고 효율적인 방법인지 생각해 보게 될 것이다. 단, 오해가 없어야 할 것은 지금 얘기한 것과 앞으로 말하게 되는 내용은 '재테크 보다 재무설계가 더 뛰어난 개념이다' 가 아니며(재무설계 과정에서 당연하게 재테크를 하게 됨) 재무설계 계획을 수립할 때 재테크 계획을 수립하듯이 하면 안되기 때문에 지금과 같은 얘기를 한 것이다.

재무설계는 재테크를 활용하기는 하지만 재테크와는 다른 개념으로 이해해야 한다. 재무설계는 일생을 단기, 중기, 장기로 나누고 각각의 기간에 있는 재무목표 달성과 삶의 안전을 위해 재무계획을 세우는 것이다.

3. 자산수준에 따른 재무설계

개인(가정)은 각각 다른 규모의 자산을 보유하고 있다. 그리고 이런 개인의 자산수준을 분류하는 명확한 기준이나 방법이 있는 것은 아니지만 보통은 서민층, 중산층, 자산가층으로 구분한다. OECD에선 월소득 300만원에서 800만원 사이를 중산층으로 본다고 하는데 여기에 동의할 수 있을까? 필자가 상담했던 경험으로 보면 어떤 고객은 객관적으로 중산층이라 할 수 있음에도 본인은 서민층이라 생각하는 분도 있었고 어떤 경우는 자산가층이라 생각하는 분도 있었다. 즉, 개인마다 부에 대한 기준이 다르고 심리적인 요인도 작용하는 것이어서 자산수준을 명확하게 구분한다는 것은 별 의미가 없다 하겠다.

따라서 이 책에서는 좀 근거 없는 얘기일 수도 있지만 상담했던 고객과 대화하며 필자가 생각하게 됐던 것을 기준으로 다음과 같이 구분하고자 한다. 우리나라 중산층은 대출 없이 약 7천만원 전후의 승용차(2024년 현재)를 보유하고 주택은 약간의 대출이 남아 있을 수도 있지만 대도시에 자가 주택을 보유하고 있으며 매달 적정 횟수의 외식과 연중 수차례 해외여행에 부담이 없는 수준으로 순자산(빚을 제외한 자산) 20억 이상을 중산층으로 보겠다. 자산가층은 순자산 기준 100억을 넘는 계층으로 보겠다. 그 이유는 이 정도 자산을 보유한 경우 돈이 돈을 버는 효과와 세금납부 문제도 심각해지기 때문이다. 그리고 중산층 기준이 되지 않는 경우를 서민층이라 보면 될 것이다.

그럼 자산 별 재무설계 방향은 어떤 차이가 있을 것인가? 먼저 서민층의 경우 가장 세밀한 재무설계가 필요한 계층이다. 그 이유는 상대적으로 자산수준이 작기 때문에 미래에 세밀하게 챙길 것이 많고 상황변화에 더 취약하기 때문이다. 따라서 가능한 범위내에서 세밀하고 정확한 예측을 하면 좋다. 그리고 자산관리를 함에 있어 위험관리와 자산증식 중 위험관리에 좀 더 비중을 높일 필요가 있다. 그 이유는 위험이 발생했을 때 다른 계층보다 타격이 크기 때문이다. 예를 들어 자산 1억의 손실이 발생됐다고 할 때 각 계층에 미치는 영향을 생각해 보면 알 수 있다. 더불어 서민층의 재무설계는 바로 이어지는 재무설계와 라이프사이클에서 자세히 다뤄 보도록 하겠다.

다음은 중산층의 재무설계인데 중산층의 경우 본인의 인생 재무목표부터 명확히 할 필요가 있다. 재무목표를 명확히 하기 위해서는 경험 있는 상담사가 중산층과 얘기하며 중산층이 하고자 하는 것 뿐 아니라 해야 할 것도 찾아주는 상담을 진행해야 한다. 그리고 빠지지 않아야 할 내용은 다음 두 가지 중 어떤 것이 중산층 본인의 인생 재무목표에 더 가까운지 생각해 보게 하는 것이다.

하나는 생전에 본인의 자산을 모두 사용해서 본인 사망시점에는 자산이 0이 되게 하는 것이고, 다른 하나는 후손에게 남겨줄 재산을 고려해서 일부는 본인이 사용하고 일부는 상속재산으로 남겨주는 것이다. 이 중 어떤 것을 본인의 재무목표로 할지 정하고 난 뒤 거기에 맞는 세부적인 재무설계를 한다면 일관된 목표설정과 실행으로 실현가능성이 높아지게 된다.

마지막으로 자산가층에 대한 재무설계인데 보통의 경우 이 계층은 종합적인 재무설계 보다는 상담을 통해 집중 컨설팅이 필요한 특정부분을 확인하고 그 부분에 집중하는 재무설계를 하는 것이 적절하며 가끔은 비재무적인 요소가 재무적 요소 못지않게 중요해지기도 하는 계층이다.

이렇게 자산수준별 재무설계 방향에 대해 간단히 정리해봤고, 곧이어 얘기하게 될 서민층 재무설계는 신혼 초에는 서민층으로 시작해서 차차 중산층으로 진입하게 되는 맞벌이 가정을 예로 들 것이다.

4. 재무설계와 라이프사이클(인생의 5대 생활자금)

그럼 이제부터 재무설계에 대한 세부사항을 얘기를 해 보겠다. 개인은 시간이 흐름에 따라 놓이는 상황이 변화되고 이 때 좋은 쪽으로 혹은 나쁜

쪽으로 재무적인 변화가 발생하게 되는데 이때 발생하게 될 재무문제를 미리 예측해 보고 이것을 해결하는 방안을 강구하는 것이 재무설계의 중요한 기능이다. 여기서 상황이 변한다는 것은 자녀 출산, 이사, 주택구입, 입사, 퇴사, 은퇴 등등 다양한 일이 생긴다는 것인데 앞서 예를 든 것처럼 가장이 퇴직하는 시점에 자녀가 대학에 입학하게 된다면 그 가정은 갑작스런 재정압박을 느끼게 될 것이다. 그런데 오래 전부터 이런 상황을 예측하고 준비해 왔다면 압박 정도는 많이 줄어들 것인데 이런 것을 하자는 것이 재무설계의 목적인 것이다.

그럼 재무설계를 하기 위해선 어떤 절차를 밟아야 할까? 이는 크게 보면 다른 프로젝트를 진행하는 절차와 별반 다르지 않다. 계획을 세우고, 실행하고, 피드백(결과 검토)해서 처음 계획을 조정한 뒤 다시 실행하고 또 조정하는 프로세스를 반복적으로 진행하는 것이다. 따라서 재무설계를 위한 첫번째는 계획을 세우는 것인데 그건 향후 발생하게 될 재무문제를 확인하고 이를 재무목표로 설정하는 것부터 시작해야 한다. 그리고 재무목표를 설정하는 것은 인생의 5대 생활자금을 설계해 봄으로써 큰 뼈대를 구축할 수 있다. 인생의 5대 생활자금이란 일생에서 꼭 필요한 5가지 자금을 말하며 다음과 같다.

1. 가정의 생활자금
2. 노후 생활자금
3. 자녀 교육·결혼자금

4. 주택자금

5. 비상예비자금

이 5가지 자금은 개인마다 약간의 차이가 있을 수는 있지만 일반적으로 보면 1. 가정의 생활자금은 막내가 결혼할 때까지 가정에 필요한 생활자금을 말하는 것이고, 2. 노후 생활자금은 은퇴 이후 부부가 노후 생활을 하는데 필요한 자금으로 부부 모두가 사망할 때까지의 자금을 말한다. 3. 자녀 교육·결혼자금은 자녀의 교육자금과 결혼자금을 합한 것이고, 4. 주택자금은 주택에 들어가는 비용 전부를 말하는 것으로 임차, 확장, 구입 등등 주택과 관련된 일체의 자금을 말한다. 5. 비상예비자금은 가정에 있는 매월 대출상환금을 일정기간 동안 갚을 수 있는 별도의 자금을 말하는 것으로 매월 상환금액의 6~12배를 준비해서 갑자기 수입이 단절되더라도 6개월에서 1년 정도는 대출상환이 가능할 수 있도록 준비해야 한다는 것이다. 이것이 대부분의 개인이 첫번째 재무목표로 세워야 할 5대 생활자금이고 그 밖에는 개인적의 상황을 고려해서 목표자금을 추가할지 여부를 결정하면 된다. 그럼 이렇게만 하면 재무설계 목표자금은 설정이 완료된 것일까? 여기에 빠지지 말아야 할 것이 위험관리 자금이다. 여기서 말하는 위험은 재정적으로 문제가 되는 위험을 말하는 것인데 삶의 안전을 위해 재무설계에 포함해야 할 내용이며 지금 한꺼번에 다루기 보다는 5대 생활자금 계산을 끝낸 이후 다루도록 하겠다.

4.1 5대 생활자금(재무설계) 예시

이번엔 지금까지 얘기한 것을 토대로 재무설계를 시작해 보겠다. 먼저 재무설계는 평생에 걸친 재무목표를 설정하는 것에서 시작한다 했는데 인생은 크게 보면 <그림 1-1>과 같은 모습이 된다는 것을 이해하고 목표설정을 시작해야 한다.

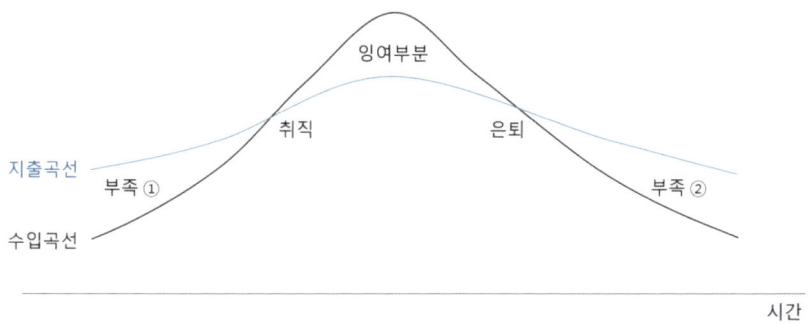

<그림 1-1> 라이프사이클

그림에서 수입곡선은 일정부분까지 올라가다 그 이후 하락하게 되며, 지출곡선도 마찬가지지만 등락은 수입곡선이 더 크다. 그 이유는 은퇴 이후 수입은 큰 폭으로 줄게 되지만 지출은 은퇴했다 하더라도 줄어들지 않는 필수지출이 있기 때문에 수입처럼 큰 폭으로 줄어들지 않는다.

여기서 수입보다 지출이 높아 생기는 부족①은 사회에 진출하기 전 양육을 받는 시기(학생신분)이며 대부분 부모의 지원으로 해결되기 때문에 별도로 감안하지 않는다. 그리고 취업 이후에는 지출 보다 수입이 많기 때문에 잉여자금을 쌓을 수 있는 시기인데 약 30년간의 시간이다. 그 다음은 은퇴 이후 부족②가 발생하게 되는데 잉여부분으로 부족②를 대체할 수 있는지가 관건이 된다. 약 1900년대 까지는 30년간 잉여자금을 형성하고 60세부터 75세까지 대략 15년간 노후생활을 했으나 앞으로는 수명 증가로 인해 30년간 만든 잉여자금으로 30~40년 노후생활 부족 부분을 메워야 할 것으로 예상되고 있어 과거대비 어려움이 예상되고 있다.

그럼 이런 큰 흐름을 이해하고 지금부터 이를 바탕으로 재무목표 설정을 위한 5대 생활자금을 계산해 보겠다. 먼저 다음과 같은 가정을 예로 들어 보겠다. 남편 35세, 부인 31세, 자녀(딸) 3세이고 남편과 부인 모두 60세 퇴직 예정인 3인 가정이다.

첫번째, 가정의 생활자금이다. 가정의 생활자금은 자녀가 독립할 때까지 가정에서 매달 소요되는 자금을 말하는 것인데 자녀 교육자금은 제외한 금액이다. 이 금액은 가정마다 차이가 있겠지만 최근 여러 고객들에게 들은 바로는 약400만원 정도`라는 대답이 가장 많았다. 따라서 이 금액을 기준으로 하고 현재 3세인 자녀가 30세에 독립하는 것으로 가정하면 27년간 소요되는 자금이다. 계산해 보면 400만원x12개월x27년 = 12억9,600만원인데 여기서 짚고 넘어갈 것이 있다. 어떤 독자는 이 계산에 이의를 제기할 것이다. 왜냐하면 현재 400만원인 생활비는 수년, 수십년 뒤에는 물가상승(인플레이션)으로 인해 더 큰 금액이 필요할 것이기 때문에 이렇게만 계산하면 나중에 부족금액이 발생한다고 주장할 수 있다. 맞는 얘기다. 재무계산기를 사용하면 금리와 물가상승률을 동시에 감안해서 좀 더 정확한 결과를 얻을 수 있을 것이다. 하지만 금리는 돈을 불리는 역할을 하고 물가상승률은 돈을 줄이는 역할을 하는 것이라 둘을 비슷하다고 생각하면 이렇게 계산하는 것도 괜찮다. 더불어 서문에서 언급했듯이 이 책은 일반소비자에게 재무설계 개념을 전달하고 넓은 안목에서 재무설계를 이해할 수 있게 하는 것이 목적이지 재무설계 전문가를 만들기 위한 것이 아니다. 따라서 정확도는 좀 떨어지더라도 지금처럼 계산해 보고 큰 틀에서 재무설계를 이해하는 것이 더 중요하다. 그리고 재무설계는 미래를 예측해 보는 것이기 때문에 지금 정확히 계산해도 변수로 인해 크던 작던 현실과 차이가 생기게 된다. 그렇기 때문에 지금과 같이 좀 간단하게 계산해 보고 수년이 지난 뒤나 목표점검이 필요한 시기에 다시 계산해 보고 재무설계(안)을 조정하는 방식으로 하면 된다.

그럼 다시 본론으로 돌아와서 5대 생활자금 중 두번째인 노후생활자금을 계산해 보겠다. 노후생활자금은 은퇴 후부터 부부가 모두 사망할 때까지 필요한 생활자금을 말한다. 이 가정의 경우 남편이 60세 퇴직이지만 막내가 독립할 때(남편 62세)까지는 가정의 생활자금을 사용하니 그 이후부터 노후생활자금을 계산하면 된다. 그럼 언제까지 노후생활자금을 쓰게 될까? 즉, 노부부는 몇 세까지 살게 될까?의 문제라는 건데 통계청 발표 기대여명을 보면 대략 남성은 80세 전후, 여성은 80세 중반인데 어떤 인류학자는 인류의 최대수명이 120세 혹은 150세까지 가능하다고 주장한다. 그리고 사회적으로는 100세시대 라는 것에 이의를 제기하지 않는 분위기다. 그런데 노후생활자금은 일생에 한번 준비하는 자금이고 자금형성에 실패하는 경우 뒤늦게 다른 방안을 찾기 어려운 자금이기 때문에 보수적인 관점에서 준비해야 한다. 따라서 필자는 평소 통계청 발표 보다 좀 더 나이가 많게 해서 남성은 90세, 여성은 95세까지 생존할 것으로 예상하는 것을 고객에게 제안했고 고객 대부분이 동의했기에 여기서도 그렇게 예상해 보겠다. 그리고 여성의 수명을 남성 보다 5년 더 길게 설정한 것은 통계적으로 여성이 남성 보다 그 정도 더 오래 사는 것으로 확인되고 있기 때문이다. 그럼 이 부부의 경우는 남편이 62세 부터 90세까지 28년간은 부부의 노후생활자금이 필요하게 되고 남편이 90세(부인 86세)에 사망한 때부터 부인은 95세까지 9년 동안 부인 혼자의 노후생활자금이 필요하게 된다.

노후생활자금은 개인마다 원하는 수준으로 계산해 보면 되겠는데 여기서는 부부의 노후생활자금은 가정의 생활자금의 80%로 예상해 보고 부인 홀로 노후생활자금은 부부생활자금의 60%로 해 보겠다. 생활자금은 관리비나 각종 공과금이 포함되고 이런 비용은 갑자기 줄어들지 않기 때문에 생활자금은 노후에도 크게 변동이 없는 80% 수준으로 예상한 것이다. 따라서 노후생활자금을 계산해 보면 부부의 노후생활자금은 320만원x12개월x28년=10억7,520만원이고 부인 홀로 노후생활자금은 192만원x12개월x9년=2억736만원이다. 그러므로 부부와 부인홀로 평생 노후생활자금의 계산결과는

10억7,520만원+2억736만원=12억8,256만원이 된다. 여기서 한가지 짚고 넘어 가겠다. 지금 가정의 생활자금과 노후생활자금 2가지를 계산해 봤는데 딱히 과도하게 금액을 책정한 것도 아닌데 상당한 금액이 필요한 것을 보고 커다란 부담감에 더 이상 계산해 보고 싶지 않은 마음이 드는 경우도 있을 것이다. 필자는 고객들과 상담했을 때 그런 경우를 봐 왔었다. 하지만 그런 걱정은 이 책 3장까지 본 뒤에 해 보기 바란다. 지금은 필요한 자금을 계산하고 있는데 3장에서는 준비자금과 대책도 같이 보게 될 것이다. 그러면 막연한 불안감이 사라지고 재무설계 방향을 잡을 수 있을 것이다. 재무설계는 불안감을 갖기 위해서가 아니라 안정감을 갖기 위해 실시되는 것이다.

그럼 이어서 세번째 자금인 자녀 교육·결혼자금을 계산해 볼 것인데 현재 자녀는 여아 1명 3세이며 차후 소요되는 교육비를 다음과 같이 정해보겠다. 초등학교 입학 전 유아기에는 매월 50만원, 초등학교는 매월 70만원, 중학교는 매월 100만원, 고등학교는 매월 150만원의 교육비가 소요되는 것으로 예상해 보고 대학교는 등록금과 용돈을 합쳐 매년 1,500만원이 소요되는 것으로 계산해 보겠다. 그리고 자녀가 30세 시점에 독립과 동시에 결혼하는 것으로 예상하고 결혼비용으로 1억5천만원을 주는 것으로 해보면 교육비 2억3,040만원+결혼자금 1억5,000만원=3억8,040만원이 된다.

다음은 5대 생활자금 중 네번째인 주택자금을 계산해 보겠다. 주택자금은 보증금, 월세, 전세, 자가 등등 주택과 관련된 자금을 모두 합쳐야 하는데 이미 갖고 있는 것은 제외하고 향후 추가로 필요한 자금만 계산한다. 예를 들어 현재 3억 전세를 살고 있는데 앞으로 1억을 보태 좀 넓은 전세로 이사할 계획이면 1억을 주택자금으로 계산하면 된다. 지금 가정의 경우 3억 전세로 살고 있으며 3세인 자녀가 7년 뒤 10세가 되면 1억원을 추가해서 자녀 공부방을 마련하기 위한 주택 확장과 12년 뒤에는 3억(대출포함 예상)을 추가해서 주택을 구입할 계획이다. 따라서 향후 주택자금은 확장자금 1억+구입자금 3억=4억이 필요하다.

다음은 마지막으로 비상예비자금이다. 비상예비자금은 갑작스런 실직이나 기타 이유로 가정의 수입이 단절됐을 때라도 대출금 상환은 해야 하기 때문에 대출금 월상환액의 6~12배 정도를 비상자금으로 보유해야 한다는 것을 말한다. 즉, 가정에 수입이 단절되더라도 가정은 비상예비자금으로 6~12개월의 시간을 벌고 가장은 그 사이 다른 직장에 취직하거나 창업 등을 통해 가정에 수입이 계속 생길 수 있도록 해야 한다는 것을 의미한다. 이 가정의 경우 1,500만원을 비상예비자금으로 해 보겠다.

그럼 지금까지 계산한 5대 생활자금을 정리해 보면

1. 가정의 생활자금

　　400만원x12개월x27년 = 12억9,600만원

2. 노후생활자금

　　10억7,520만원(부부)+2억736만원(부인 홀로) = 12억8,256만원

3. 자녀 교육·결혼자금

　교육비 2억3,040만원+결혼자금 1억5,000만원 = 3억8,040만원

4. 주택자금 : 1억+3억 = 4억

5. 비상예비자금 : 1,500만원 이고,

총계는 33억7,396만원이 된다. 고급승용차나 특별한 지출 이벤트를 설정한 것도 아닌데 상당한 자금이 필요한 것으로 계산됐다. 지금 이렇게 계산해 보니 "바쁘게 산 것 같은데 은퇴할 때가 되니 준비된 것이 별로 없다"고 말하는 것이 이해될 법도 하다. 5대 생활자금처럼 생활에 필수적인 자금만 하더라도 이렇게 인생전체를 놓고 보면 상당한 자금이 필요하기 때문에 재무설계를 통해 미리 적절한 준비를 하지 않으면 낭패를 보기 십상이다.

다시 본론으로 돌아와서 이제 필요자금은 약 33억인데 준비된 자금은 얼마이며 필요자금에서 준비자금을 뺀 부족자금은 얼마나 될 것인가? 즉, 필요자금 – 준비자금 = 부족자금이라는 얘기이며 준비자금과 부족자금에 대해서는 3장에서 다루도록 하겠다. 단, 지금 생각해 봤으면 하는 것이 있다. 이 가정은 부부 맞벌이로 매월 남편 500만원, 부인 300만원의 수입이 있다고 보면 가정의 생활자금 400만원을 충당하고 400만원이 남는다. 이 글을 읽고 있는 독자는 남는 400만원을 어디에 쓰겠는가? 5대 생활자금 중 나머지 4가지 자금을 준비하는데 나눠서 쓰겠는가? 아니면 조금 있으면 닥치게 될 주택구입을 위해 모두 사용하겠는가? 아니면 지금 바로 인생을 즐기는 데 더 할애하겠는가? 개인마다 선택의 차이가 있을 것이다. 한번 생각해

보고 왜 그런 생각을 하게 됐는지도 정리해 본 뒤 이 책의 나머지 부분을 읽어보면 좋을 것 같다.

4.2 재무설계와 위험관리

앞에서 5대생활자금을 계산해봤다. 그런데 이 계산은 이 가정의 수입이 끊기지 않고 계속된다는 것과 가정경제에 큰 타격을 입히는 재난적 수준의 위험도 없다는 전제하에 나온 것이다. 하지만 그런 일이 생기지 않는다고 장담할 수는 없는 것이며 혹시 그런 일이 생긴다면 결과는 당연히 크게 달라지게 될 것이다.

다음 <그림 1-2>와 <그림 1-3>을 보자.

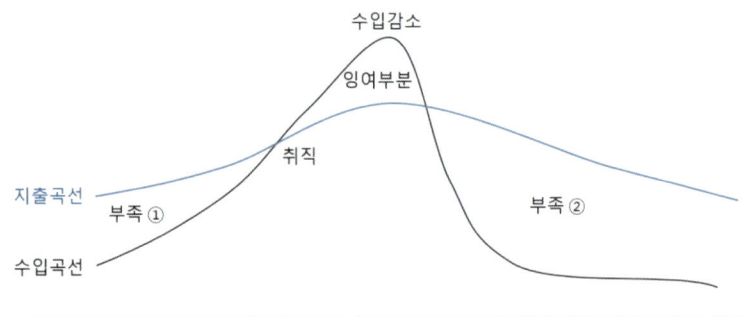

<그림 1-2> 수입감소 라이프사이클

<그림 1-2>를 보면 특이사항 발생으로 지출은 큰 변화 없이 가정의 수입이 급감하는 경우이고,

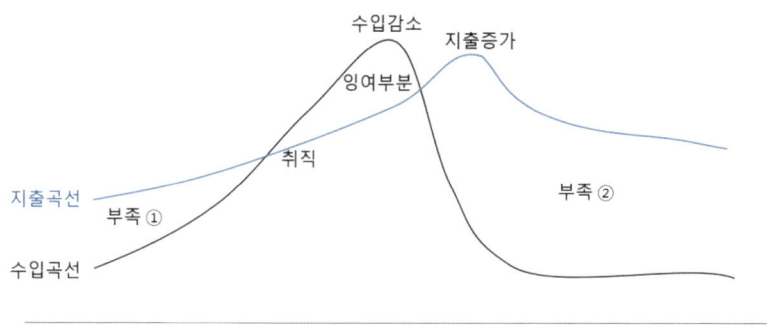

<그림 1-3> 수입감소, 지출증가 라이프사이클

<그림 1-3>은 가장이 예기치 못한 큰 사고로 직장을 퇴직해서 수입이 줄고 의료비 등 지출은 급증한 경우라 할 수 있다.
두 경우 모두 <그림 1-1>과 비교했을 때 부족② 부분을 잉여부분으로 메우기에는 많이 부족해 보인다. 재무설계는 인생전체를 설계하는 것이라 했고, 장기적 안목으로 보면 이런 사고의 발생 가능성은 단기적으로 봤을 때보다 높아지게 된다. 따라서 인생전체의 안정적 재무상태를 유지하게 하려는 재무설계에서 향후 발생할 수 있는 위험을 관리하는 것은 필수라 할 수 있다.

5. 위험의 분류와 관리방법

재무설계에서 위험관리는 필수다. 그럼 우리 주변에는 어떤 위험들이 있을까? 그리고 위험에 대처하는 방법은 무엇일까? 좀 막연한 얘기일 수도 있겠지만 재무설계에서는 위험을 체계적으로 관리하기 위한 이론적 토대가 마련되어 있으며 그 출발은 위험을 분류하는 것에서 시작한다.

재무설계에서는 발생할 수 있는 위험을 4가지로 분류하고 각각의 위험에 대해 어떻게 대처해야 하는지를 말하고 있다. 그리고 첫번째로 해야 할 위험을 분류하는 방법은 <그림1-4>와 같다.

위험의 크기

ⓑ영역 위험 ↑, 발생확률 ↓	ⓐ영역 위험 ↑, 발생확률 ↑
ⓓ영역 위험 ↓, 발생확률 ↓	ⓒ영역 위험 ↓, 발생확률 ↑

발생확률

<그림 1-4> 위험의 분류

여기서 ⓐ영역은 위험의 크기가 크고 발생확률도 높은 위험을 말하며 ⓑ영역은 위험의 크기는 크지만 발생확률은 낮은 위험을 ⓒ영역은 위험의 크기는 작지만 발생확률이 높은 위험을 ⓓ영역은 위험의 크기가 작고 발생확률도 낮은 위험을 말한다. 이렇게 위험은 ⓐ,ⓑ,ⓒ,ⓓ 4가지 영역으로 분류해 볼 수 있다.

다음은 분류한 위험을 관리하는 방법이다. ⓐ영역의 위험은 가장 위험도가 높은 위험이기 때문에 먼저 고려할 수 있는 방법은 위험을 회피하는 것이다. 그러나 현실에서는 위험을 회피할 수 없는 경우도 있는데 이때는 위험을 내가 갖고 있지 말고 다른 곳으로 전가시키는 방법을 생각해 볼 수 있다. 하지만 위험을 전가 시키려 해도 발생확률이 높으면 위험을 받아 줄 만한 곳을 찾기 어렵다. 따라서 다음으로 생각해 볼 수 있는 대처 방법은 위험을 축소시키는 방법이 있다. 정리하자면 ⓐ영역처럼 위험의 크기가 크고 발생확률이 높은 위험은 회피가 첫번째 방법이지만 이것이 여의치 않으면 축소시키는 방법을 사용해야 한다.

다음은 위험의 크기는 크지만 발생확률이 낮은 ⓑ영역의 위험을 관리하는 방법인데 이 역시 위험을 회피하거나 축소하는 것이 첫번째 방법이라 할 수 있지만 어쩔 수 없이 위험을 보유해야 하는 경우 위험전가를 생각해 볼 수 있다. 즉, 이 영역은 나의 위험을 다른 곳에 전가 시킬 수 있는데 그 대표적인 것이 보험제도이다. ⓐ영역과 달리 ⓑ영역의 위험은 보험이 대신 받을 수 있다. 그 이유는 ⓑ영역의 위험발생 확률이 일정 수준 이하이기 때문이다. 예를 들어 자동차 운전을 생각해 보자. 자동차 운전은 본인이나 타인의 생명과 재산에 큰 손해를 줄 수 있는 위험한 일이지만 어쩔 수 없이 보유한다. 그러다 교통사고가 발생하면 운전자 혼자 감당하기 어려운 경제적 문제가 발생하기 때문에 운전자는 자동차보험에 가입한다. 이는 교통사고 발생시 생기는 경제 문제를 보험에 전가시키는 것인데 교통사고 발생확률이 일정수준 이하이기 때문에 가능한 일이다. 우리 주변을 살펴보면 자주 발생하지는 않지만 발생하면 큰 경제적 손실을 일으키는 위험들이 있는데 이런 위험들이 ⓑ영역의 위험이라 할 수 있으며 이 위험의 관리방법 첫번째는 회피나 축소 등을 고려해 보고 그것이 여의치 않을 때는 위험전가를 고려해 볼 수 있다.

그럼 위험의 크기는 작지만 발생확률이 높은 ⓒ영역의 위험을 관리하는 방법은 무엇일까? 예를 들어 감기의 경우 자주 발생하지만 보통은 간단한 주사나 약물로 치료가 되고 비용도 크게 부담되지 않는 수준이다. 따라서 감기는 평소 간단한 예방(손 씻기, 보온 등)으로 위험을 회피해 보고 혹시 감기에 걸리면 약간의 경제적 부담만 하면 그만이다. 즉, 이 영역은 위험회피를 먼저 고려하고 아니면 위험전가를 고려해 볼 수 있다. 하지만 위험전가의 경우 2장 보험상품 부분에서 설명이 되겠지만 발생확률이 높은 위험을 보험에 전가하면 차후 보험료가 과도하게 상승할 수 있다.

마지막으로 ⓓ영역은 위험의 크기도 작고 발생확률도 낮은 영역이다. 예를 들면 종이에 손을 베이는 위험 같은 경우이다. 이 영역의 위험은 잘 발생하지도 않고 발생했다 하더라도 경제적 영향을 받지 않기 때문에 문제가 생긴 후 대처하면 그만이다. 따라서 위험을 보유하고 있어도 된다.

이렇게 해서 우리 주변의 위험을 4가지로 분류하는 것과 대처 방법으로 위험회피, 위험전가, 위험축소, 위험보유 등이 있다는 것을 알아봤다.

6. 위험의 종류

우리 주변에는 어떤 위험이 있을까? 이 책의 성격상 재무적인 위험만 생각해 보자. 금리하락 위험, 원금손실 위험, 물가상승 위험, 실직 위험, 화재 위험, 질병 위험, 사망 위험 등등 많은 위험이 있다. 이 중 질병이나 사망 위험은 신체적 위험으로 생각될 수 있겠으나 질병이나 사망이 발생하게 되면 치료비, 실직, 대출금 회수 등 결국 재무적 문제로 연계되기 때문에 재무설계에서는 재무적 문제로 인식된다.

그리고 위험을 보면 개인이 관리 가능한 위험이 있는 반면 관리 불가능한 위험도 있다. 예를 들어 물가상승 위험을 생각해 보면 개인 차원에서는 물가상승을 억제할 힘이 없다. 이렇게 개인이 관리할 수 없는 위험으로는 금리, 환율, 유가, 물가상승률, 통화량 등등이 대표적인데 이런 위험을 관리하기 위해서는 사전예측을 해서 대비하는 것과 상황이 발생하고 난 뒤 대처하는 것 등을 생각해 볼 수 있다. 그리고 좀 전에 봤던 5. 위험의 분류와 관리방법은 개인이 관리할 수 있는 위험에 활용할 수 있는 방법이다. 다음은 재무설계에서 자주 고려하게 되는 재무적 위험 몇 가지에 대해 얘기해 보겠다.

6.1 대출(레버리지) 위험

우리가 대출을 받아 이를 다른 곳에 투자하게 되면 레버리지 효과(지렛대 효과)를 볼 수 있다고 얘기하곤 한다. 이는 대출이자 보다 투자수익률이 더 좋을 때 발생하는 효과인데 예를 들어 3억짜리 기계가 있는데 이 기계를 사용하면 매년 10% 수익이 발생된다. 그런데 지금 수중에 1억 밖에 없어서 기계를 살 수 없는 상황이지만 금융회사에서 2억을 연 4%이자로 대출해 준다고 한다. 이 때 대출을 받아 기계를 사면 나의 수익은 3억의 10%인 3,000만원이 되는데 이 중 대출받은 2억원의 4%인 800만원은 대출이자로 지불해야 하니 나머지 2,200만원이 수익이 된다. 즉, 대출을 받지 않았으면 아무런 수익이 없었을 텐데 대출을 받아 기계를 사니 2,200만원의 수익이 발생한 것이다. 하지만 이번엔 다른 상황을 가정해 보겠다. 역시 같은 조건으로 대출을 받아 기계를 샀는데 예상과 달리 판매에 문제가 생겨 오히려 2,000만원 손실이 발생했다. 이 경우 대출받은 사람은 손실 2,000만원 뿐 아니라 대출이자 800만원도 지불해야 하기 때문에 총손실은 2,800만원이 된다. 대출을 받지 않았으면 아무런 손실이 없었을 텐데 대출을 받으니 손실이 더 커지게 된 것이다. 따라서 레버리지 효과는 긍정적일 때도 있지만 부정적인 결과를 더 부정적으로 만드는 속성이 있다. 따라서 항시 주의가 필요하며 속칭 빚투(빚을 내서 투자하는 것)가 대표적인 레버리지 투자이다. 재무설계를 할 때는 가능한 이런 위험은 멀리해야 한다.

6.2 인플레이션(물가상승) 위험

인플레이션 위험은 물가상승 위험을 말한다. 최근에는 찾아보기 힘들지만 그래도 가끔은 듣게 되는 얘기가 있는데 '은행이자나 왠만한 수익률로는 인플레이션 영향을 벗어날 수 없으니 고수익 투자를 해야 한다'고 주장하는 경우이다. 하지만 인플레이션 위험은 어떤 재산을 갖고 있더라도 또 어떤 금융상품을 거래하더라도 피해갈 수 없는 위험이며 인플레이션의 크기만큼 모든 자산의 가치가 하락하게 된다. 심지어 인플레이션이 발생하면 금리가 오르고 경기가 침체하기 때문에 저축이 유리해지고 투자는 손실 발생 가능성이 높아짐에도 불구하고 인플레이션을 벗어나기 위해서는 투자를 해야 한다고 말하기도 한다.

따라서 인플레이션의 영향을 벗어나려면(인플레이션을 헷지 하려면) 고수익 투자를 해야 한다는 얘기를 듣게 된다면 주의를 기울일 필요가 있다. 단, 일시적으로 투자를 유치하기 위한 목적이 아니라 장기적으로 인플레이션을 헷지 하는데 투자상품이 유리할 수 있다고 얘기하는 것은 정상적인 주장이라 할 수 있다. 참고로 '인플레이션 시기에는 현금을 확보하고 금과 같은 실물자산을 보유하는 것이 유리하다'는 것이 사전적인 얘기인데 마침 2024년 지금이 인플레이션 시기라 하니 이것이 맞는 얘기인지 독자들께서 직접 확인해 보기 바란다.

6.3 재산 및 신체 위험

우리는 여러 형태의 재산을 보유하며 살고 있다. 이 중 자동차, 집, 빌딩, 창고, 공장 등등 화재나 붕괴 등의 문제가 생기면 커다란 손해가 발생하는 재산이 있다. 또한 내 몸(신체)에 암, 심장질환, 뇌질환, 폐질환 등의 큰 문제가 생겨도 많은 비용을 지출할 수 있고 수입단절까지 될 수도 있다. 즉, 우리 주변에 있는 이런 재난적인 위험은 안정적인 삶을 설계하는 재무설계에 포함하여 관리해야 하며 이미 4.2 재무설계와 위험관리의 그림<1-2>와 <1-3>을 통해 확인했던 내용이다.

이번 1장에서는 재무설계 개념에 대해 얘기했고 한 가정을 예로 들어 재무설계 첫 단계인 재무목표 확인과 필요자금을 계산해 봤다. 그리고 재무설계에 포함할 내용은 재무목표 달성 뿐 아니라 각종 위험관리 계획도 필요하다는 것을 알았다. 그리고 3장 마지막 부분에서도 언급은 되겠지만 재무설계에서 재무목표가 100% 달성되면 좋겠지만 80%만 달성되더라도 의미가 크다. 재무설계를 하지 않았다면 준비수준 자체가 낮을 뿐더러 다른 대책을 세운다는 것은 장담하기 힘들 것이기 때문이다.

2장. 금융상품

2장에서는 금융상품을 이해하기 위한 기본사항에 대해 먼저 알아본 이후 상품에 대해 언급하고자 한다.

그리고 2장에서 말하는 금융상품은 은행, 증권, 보험회사의 상품이며 각 회사만의 고유한 특징을 담고 있는 상품위주로 다루고 있다.소비자 입장에서 보면 이런 상품들이 소비자의 삶을 더 윤택하게 하는데 도움을 주도록 조화롭게 균형을 이루는 것이 중요한데 그러기 위해서는 각 금융상품의 특징을 잘 파악하고 적재적소에 최적의 상품을 활용할 수 있어야 할 것이다. 따라서 2장에서는 재무설계에서 주로 활용하는 상품의 특징을 설명하는데 중점을 둘 것이고 3장에서 재무설계에 상품을 연계하도록 할 것이다.

더불어 2장에서는 금융상품을 포함해서 금융에 대한 필자의 주관적 주장이나 생각이 들어갈 수 있는데 독자에 따라 다른 의견을 제시하고 싶은 분이 있을 수도 있다. 가능하면 이런 것이 없도록 노력은 할 것이나 필자의 경험상 효율적이라 판단되는 내용과 방법을 일부 활용할 것임을 밝혀둔다.

그리고 주의사항도 밝혀두고자 한다. 2장은 투자지침서나 상품설명서가 아니고 그런 것을 보기 위해 알아야 할 정보로 이해해 주기 바라며, 책에서 언급하는 내용과 실제 상품은 차이가 있을 수 있다. 왜냐하면 금융상품은 지금도 새로운 상품이 개발되고 있고 상품의 모든 특징을 다 기록할 수도 없기 때문이다. 따라서 상품을 큰 틀에서 이해하는데 도움이 되도록 기술했으니 참고 바란다.

1. 금융과 금융회사

금융(金融)은 무엇일까? 금융이라는 단어를 살펴보면 돈(金)을 융(融)통한다는 의미가 있는데 이는 금융이 발생하게 된 기원과 함께 금융의 특징을 잘 설명하는 단어라 할 수 있다.

화폐가 없던 옛날에는 물물교환을 했다. 농사 짓는 사람은 농작물을 생산하고 사냥하는 사람은 고기를 생산해서 서로 맞바꾸는 식이다. 그러다 화폐가 생겨서 무거운 것을 들고 다닐 필요 없이 더 편하게 필요한 것을 바꿀 수 있게 됐다. 그리고 화폐는 저장하기 위한 큰 창고가 없어도 되고 상하는 것을 걱정하지 않아도 되니 남는 것을 쌓아 뒀다가 필요한 때 사용할 수 있게 되었다. 즉, 축적이 가능하게 된 것이다. 이러다 보니 더 많이 축적하는 사람이 생기게 됐고 돈이 필요한 사람은 돈이 많은 사람에게 빌려 쓰는 일도 생기게 됐다. 이것이 금융의 본질이며 시작이라 할 수 있는데 금융은 돈을 갖고 있는 사람(여윳돈이 있는 사람)이 돈이 필요한 사람에게 돈을 융통해 주고, 융통의 대가(이자)를 받는 것에서 시작하게 되었다.

그런데 융통해 주는 개인 입장에서 보면 누가 돈이 필요한지 알기 어렵고 알았다 하더라도 필요한 만큼 융통해 줄 수 있는지? 융통해 준 원금과 이자는 제 때 받을 수 있는지? 등 여러 어려움이 생기게 되었다. 그래서 생겨나게 된 것이 금융회사인데 금융회사는 여유자금이 있는 여러 사람의 자금을 모아 큰 규모의 자금(규모의 경제)을 형성할 수 있고 그것을 개인 뿐 아니라 대규모 자금이 필요한 기업이나 국가에도 융통(대출) 해 줄 수 있게 되었다.

이렇게 금융회사는 돈을 맡기는 사람과 돈이 필요한 사람 사이에서 중계역할을 하며 생긴 것이며 돈을 맡긴 자에게는 이자를 주고 빌려가는 자에게는 대출이자를 받는데 맡긴 자에게 주는 이자 보다 빌린 자에게 받는 대출이자를 더 높게 설정해서 그 차이(예대금리차)로 금융회사를 운영하는 자금으로 사용하면서 시중자금의 융통 역할을 하는 것이다. 그리고 자금을 맡기는 측이나 자금을 필요로 하는 측은 금융회사와 거래를 하기 때문에 서로 상대방을 찾아야 하는 노력(시간)과 위험(채무불이행 위험)을 줄이게 되며, 금융회사는 회사의 수익기반을 마련할 수 있게 되어 쌍방 모두 윈윈(win-win)할 수 있게 되었다.

반면 예대금리차가 과도하여 금융회사 중심으로 이익이 발생할 수도 있고, 대출 회수가 되지 않아 금융회사와 자금공급자가 위험에 빠질 수도 있다.

2. 금융회사의 종류와 특징

우리가 평소 가장 많이 접하는 금융회사로는 은행, 증권, 보험이 있다. 이제부터 각 금융회사에 대해 알아보자.

2.1 은행

은행은 소비자가 가장 많이 거래하고 있는 금융회사이다. 하지만 은행업무는 소비자가 모르는 업무도 많다. 소비자가 잘 아는 은행의 업무는 예금(목돈을 한번에 저축하는 것)이나 적금(매월 일정금액을 저축하는 것)을 통해 고객의 자금을 모으고 모은 자금으로 대출을 운용하는 업무이다. 참고로 은행은 목적에 따라 여러 형태가 있는데 그 중 은행의 은행이라는 한국은행은 일반 시중은행과 달리 국가 중앙은행으로써 각종 금리의 지표이며 물가조절 역할도 하는 기준금리를 일년에 8번 발표하고, 현금을 발행(창출)할 수 있는 국책은행으로 국가경제에 막대한 영향을 미치는 은행이다. 따라서 중앙은행의 정책방향에 관심을 두고 변화를 예의주시 하는 것은 경제활동을 하는데 있어 아주 중요하다 하겠다.

다시 일반 시중은행 얘기를 해보자. 소비자가가 시중은행 창구에 들어서면 제일 먼저 예·적금 및 기타 업무를 처리하는 창구가 있는데 대출업무는 보통 별도의 창구를 운용하고 있다. 그리고 은행에서 펀드(증권회사 상품)나 보험(보험회사 상품)도 판매하고 있다. 참고로 은행에서 취급하는 증권회사나 보험회사 상품은 모든 상품을 판매하는 것은 아니고 법으로 정해 놓은 상품만 가능하다. 그리고 이런 현상은 은행에만 있는 것은 아니며 증권회사에서도 은행, 보험 상품 중 일부에 가입할 수 있으며 보험회사에서도 은행, 증권 상품 중 일부에 가입할 수 있게 법으로 허용하고 있다. 이는 금융회사간 영역이 점점 허물어지고 있는 현상으로 세계적인 추세라 할 수 있다. 그리고 은행에는 PB(Private Banker)라는 직책이 있어 좀 더 재산이 많은 고객의 자산을 개별적으로 관리해 주기도 하며, 아예 일반고객 창구가 없는 별도의 공간에 PB센터(은행마다 이름이 다름)를 개설하여 좀 더 적극적인 고액자산가 마케팅을 하기도 한다.

2.2 증권회사(투자회사)

증권회사는 주식과 채권 등 유가증권의 거래를 중개하는 금융회사다. 기업은 기업을 운영하는데 필요한 자금을 확보하기 위해 대출을 받기도 하지만 증권회사를 통해 주식이나 채권을 발행하고 소비자가 그것을 매입하면 그 매입자금을 받아 기업운영에 사용하기도 한다. 그리고 이를 매입한 소비자는 수익이 발생하게 되는데 채권을 매입한 경우 이자를 주식을 매입한 경우 배당을 받게 되며, 채권이나 주식을 매각하면 양도차익도 발생하게 된다. 증권회사는 이렇게 기업과 투자자를 연결시켜 기업에는 유동성을, 투자자에게는 수익창출 기회를 제공하는 것이 주업무인 회사이다.

하지만 투자에는 위험이 따르게 되는데 바로 원금손실 위험을 말한다. 증권회사에서 취급하는 상품은 원칙적으로 투자원금을 보장하는 상품은 없다.

가끔 원금이 보장되는 상품이 있는 것처럼 보일때가 있는데 그것은 그런 효과를 내는 것이거나 위험이 아주 낮은 상품이지 원금손실 위험을 완전히 없앤 것은 아니다. 이는 주식이나 채권을 발행한 기업이 파산하거나 심각한 경영상 피해를 입게 된다면 주식이나 채권에서 정해진 대로 투자자에게 투자금이나 수익을 돌려줄 수 없게 된다는 것을 생각해 보면 이해되는 부분이라 할 것이다.

증권회사는 투자자에게 자산증식 기회를 제공하는 금융회사이다. 하지만 일반소비자가 이해하기 어렵고 원금손실 위험이 높은 상품도 취급하고 있기 때문에 소비자 본인에게 맞는 상품을 선택하기 위해서는 거래하기 전에 투자관련 지식과 바람직한 투자자의 자세를 갖추는 것이 필요하다.

2.3 보험회사

필자는 은행, 증권, 보험 중 소비자의 이해도가 가장 낮은 것이 보험회사라고 생각한다. 왜냐하면 필자가 상담한 소비자 중 일부는 생명보험회사와 손해보험회사가 서로 다른 회사라는 것을 모르고 있었다. 그냥 보험회사라고 생각하는 것 같았다. 그리고 보험회사가 지급하는 보험금이 보험회사 돈이라고 생각하는 소비자가 대부분이었으며 상품에서 사용하는 용어 중 전문적인 용어 보다 기본적인 용어를 설명했을 때 소비자의 상품 이해도 및 만족도가 높아지는 경우를 많이 경험해 봤기 때문이다. 그리고 보험은 한번 가입하면 수년 또는 평생을 갖고 가는 상품도 많으니 좀 더 잘 알아야 하고, 이 책의 주제이기도 한 재무설계를 대중화 시키기 위해 노력한 대표적인 회사가 생명보험회사인 것과 필자가 약 29년을 근무하며 몸소 체험해 본 회사이기에 좀 자세한 설명을 해 보고자 한다.

먼저 우리나라의 보험회사는 일제 강점기 때 국내에 일본 보험회사가 대리점을 설치한 것이 최초였다. 그 후 일본이 2차 세계대전에서 패망하며 자국으로 돌아갈 때 대리점도 철수했는데 이 과정에서 가입자에 대한 의무를 이행하지 않고 철수를 하는 바람에 보험에 대한 인식이 좋지 않게 됐었고 이후 발발한 6.25전쟁의 열악한 환경에서 명맥을 유지해오다 1960년대 들어서야 안정을 찾으며 발전하기 시작해 현재에 이르게 되었다.

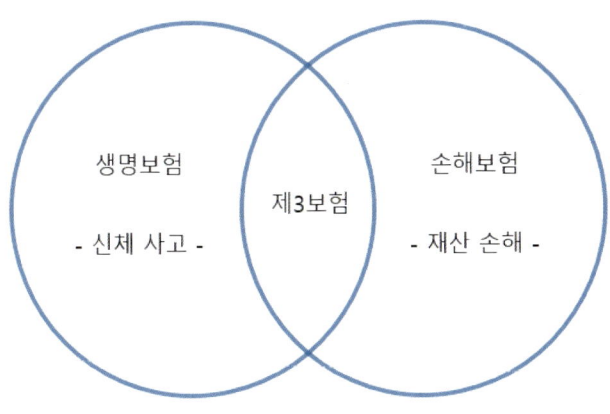

<그림 2-1> 보험영역

그리고 보험은 <그림 2-1>처럼 생명보험, 손해보험, 제3보험으로 구분되는데 각 부문 고유의 영역도 있고 제3보험처럼 공통되는 영역도 있다. 먼저 생명보험 고유영역에서는 사람의 신체와 관련한 질병, 재해, 사망, 연금 등을 보장한다. 손해보험 고유영역에서는 자동차, 화재, 해상, 특종(배상책임, 기술 등등)처럼 재산과 관련해서 손해가 생긴 것을 주로 보장한다.

제3보험(인보험)은 그림처럼 생명보험과 손해보험 두 분야가 함께 취급할 수 있는 영역으로 사람 신체에 발생하는 사고 중 상해, 질병, 간병 3가지에 대한 보장을 취급한다. 이런 보험영역별 차이점에 대해 간략히 표시하면 표<2-1>과 같다.

구분	생명보험	손해보험	제3보험
보장대상	사람 신체	재산 손해	신체의 상해,질병,간병
보장방법	정액보장	실손보상	정액보장, 실손보상
보장기간	장기	단기	장기,단기

<표 2-1> 보험영역간 차이점

<표 2-1>의 용어에대해 알아보자. 먼저 보장방법에서 정액보장이라는 것은 계약에서 특정 보험사고에 대해 미리 금액을 정해 놓고 사고가 발생하면 그 금액을 보장한다는 것이며, 실손보상은 특정 보험사고에 대해 최대 보

장한도를 정해 놓고 보험사고가 발생하면 보장한도 내에서 실제 손해금액을 보장한다는 얘기이다. 예를 들어 보면 암이 발병하는 경우 1천만원 정액보장을 하는 암보험에 가입한 경우 암1기(치료비 적음)로 판명되건 암3기(치료비 많음)로 판명되건 경중에 관계없이 기준을 넘으면 정해진 금액 1천만원을 보장하는 것이고, 실손보상은 자동차 사고 발생시 1천만원 실손보상(최대 보상한도)하는 자동차보험에 가입했는데 경미한 사고로 50만원의 수리비가 발생하면 실제 손해 50만원을 보상하고 큰 사고가 발생해서 1,200만원의 수리비가 나온 경우는 1천만원(최대 보상한도)까지만 보장하는 방식이다.

그리고 보장기간에서 생명보험이 장기라는 것은 상품에 따라 수십년 또는 평생을 보장한다는 것을 의미하며, 손해보험이 단기라는 것은 생명보험 대비 단기라는 것인데 손해보험은 3년을 기준으로 3년 이내는 단기, 3년 이상은 장기로 구분한다.

그리고 제3보험은 생명보험과 손해보험이 공동으로 취급할 수 있는 영역인데 생명보험회사와 손해보험회사의 특성에 따른 차이가 있을 수는 있다. 세부적인 것은 이번 2장 보험상품 부분에서 기술하도록 하겠다.

그리고 보험영역이 이렇게 구분되듯이 보험회사도 생명보험회사, 손해보험회사, 제3보험회사로 구분되며 회사 이름을 보면 ○○생명보험주식회사, ○○손해보험주식회사, ○○해상, ○○화재 형태로 된 것을 볼 수 있으며 손해, 해상, 화재 라는 명칭이 붙은 회사는 손해보험회사로 보면 된다. 이후 설명에서 특별한 구분 없이 보험이라고 하면 보험 전부에 공통으로 적용되는 내용이며 그렇지 않은 경우는 구분해서 용어를 사용할 것이다.

여기서 헷갈릴 수 있는 용어도 하나 설명해 보겠다. 바로 재해와 상해이다. 재해와 상해는 모두 사람의 신체가 외부의 힘으로부터 충격을 받는다는 공통된 특징이 있지만 재해는 추가적으로 우연성이 있는지를 보게 되며 상해는 급격성, 우연성, 외래성 3가지를 동시에 만족하며 발생했는지를 보게 된다. 예를 들어 음주 후 졸음운전으로 교통사고가 발생해서 운전자가 다친 경우를 생각해 보자. 이 사고는 외부의 충격이면서 사고가 우연히 발생했기 때문에 재해로 인정된다. 하지만 음주가 사고의 원인이 될 것을 알면서도 운전한 것은 급격성이 결여되었기 때문에 상해로는 인정되지 않는다. 그리고 상해의 경우 상품에서 언급은 하겠지만 직업이 변경되면 회사에 알려야 한다.

다음은 보험회사가 보험금을 지급하는 원리에 대해 말해보겠다. 보험은 상부상조 정신이 깃든 제도라고 얘기하는데 이는 보험제도가 공동준비재산을 형성하는 특징이 있기 때문이며 내용은 다음과 같다. 보험회사는 다수의 가입자(계약자)로부터 보험료를 받아 미리 설정해 놓은 계정에 넣어 관리하게 된다. 즉, 보험에 가입하게 되면 보험회사는 나와 다른 계약자의 보험료를 함께 모아서 별도로 관리하게 되는데 이것을 공동준비재산이라 한다. 그리고 보험사고가 생겨서 보험회사가 보험금을 지급해야 할 때는 이 공동준비재산에서 보험금을 지급하는 것이다. 즉, 보험회사가 지급하는 보험금은 보험회사의 돈이 아니라 여러 가입자가 모아 놓은 공동준비재산에서 지출하는 것이며 여기서 보험회사의 역할은 공동준비재산의 유·출입과 자산운용을 포함해서 가입자에게 공평하게 보험금이 지급될 수 있도록 관리하는 것이다.

공동준비재산 관리에는 복잡한 내용이 있는데 보험제도를 이해하는데 필요한 부분이라 설명해 보겠다. 만약 보험에 가입하기 전 이미 사고가 발생한 사람이 보험회사에 그 사실을 숨기고 보험을 가입(이런 경우를 고지의무 위반이라 함)하면 어떻게 될까? 문제 있는 행동이라는 생각은 들 것인데 어떤 문제인지 알 필요가 있다. 만약 이 가입자가 보험금을 받게 된다면 이는 다른 가입자 보다 훨씬 적은 보험료를 내고 보험금을 받는 것이 될 것이고, 많은 가입자가 이런 형태로 보험금을 수령하게 된다면 여러 가입자가 모아 놓은 공동준비재산은 몇몇 사람에게만 지급되고 재산이 고갈되어 나머지 다른 가입자는 아예 보험금을 받을 수 없는 지경이 될 것이다. 따라서 보험은 고의적인 보험금 수령을 제한하고 우연한 사고를 보장해야 하는데 보험회사는 속이거나 고의성 있는 보험금 청구를 방지하기 위해 가입 전 사전대비(계약심사 또는 언더라이팅이라 함) 및 가입 후 사후대비(보험금 지급심사)를 하게 된다. 이는 보험제도가 정상적으로 운용되어 가입자 모두에게 공평한 보험금 수령권을 보장하기 위한 조치라 하겠다. 혹시 최근엔 병이 있는 사람도 보험가입이 가능하다던데 고의성 문제가 있는 것인가?라고 생각하시는 분이 있을지도 모르겠다. 결론부터 얘기하자면 문제없다. 보험은 비슷한 위험수준에 있는 사람끼리 공동준비재산을 형성한다면 운영될 수 있기 때문이다. 관련내용은 유병자 보험 부분을 참고 바란다.

그리고 위에서 보험회사는 가입자에게 보험금을 지급하기 위해 공동준비재산을 관리해야 한다 했는데 보험은 납입하는 보험료 보다 지급하는 보험금이 더 큰 경우가 대부분이기 때문에 보험회사가 가입자가 납부한 보험료를 그냥 갖고 있으면 지급할 보험금이 부족하게 된다. 그래서 자산운용을 통한 자산증식은 보험회사의 중요한 업무이다.

따라서 지금까지 얘기한 것으로 보험회사를 정의해 보면 보험회사는 상품판매를 통해 여러 가입자로부터 보험료를 받아 공동준비재산을 형성하고 정상적인 보험금 지급을 위해 공동준비재산을 자산운용하고 관리하는 것이 핵심업무인 금융회사로 말할 수 있다.

■ 보험대리점

보험대리점은 2000년대들어 국내 보험상품 판매시장에서 급격한 성장을 이루어 현재는 보험회사와 시장을 양분하고 있는 보험상품판매 전문조직이며, 해외에서는 이미 나타난 현상이다.

보험대리점은 각 보험회사와 제휴를 맺으면 그 회사의 상품을 판매할 수 있는데 이런 대리점을 비전속대리점이라 하며, 특정 보험회사에 소속된 전속대리점은 그 회사의 상품만 판매하게 된다. 다만 대부분의 대리점은 생명보험, 손해보험, 제3보험 모두를 판매할 수 있게 운영되고 있다.

보험대리점과 보험회사는 각자의 장점이 있다. 그런데 소비자에게는 어느 회사를 선택해서 얻게 되는 이익 보다는 재무설계를 통해 적절한 금융상품을 선택할 수 있는 안목을 키우는 것이 더 큰 이익을 가져다 줄 것이다.

3. 금리의 이해

금리는 돈을 융통하는 대가라 할 수 있는데 돈을 빌려주는 사람은 다른 곳에 사용할 기회를 포기하고 빌려주는 것이기 때문에 돈을 빌리는 사람은 그에 대한 대가를 지불하는 것이다. 그리고 금리는 각 개인 뿐 아니라 국가경제에 많은 영향을 미치는 가장 기본적이고 직접적인 수단이다.

우리나라 금리는 한국은행(중앙은행)이 일년에 8번 기준금리를 발표하는데 인상, 인하, 동결 등을 하게 되며 변경은 0.25%의 배수 단위로 하게 된다. 예를 들어 현재 금리가 3.00%라고 할 때 금리를 인상한다면 3.25%(베이비스텝)나 3.50%(빅스텝) 이런 식으로 한다는 것이다. 그리고 시중 금융회사는 꼭 기준금리와 같은 금리를 써야 하는 것은 아니지만 특별한 사정이 없는 한 인상, 인하 등 방향은 동일하게 유지된다.

한편 금리는 금융회사별로 차이가 있게 되는데 은행을 예로 들어 보면 가입자가 많고 자금력도 튼튼한 대형은행의 금리와 규모가 작은 소형은행의 금리를 비교하면 어디의 금리가 더 높을까? 답은 소형은행이다. 만약 두

은행의 금리가 같다면 받는 이자가 같으니 소비자는 더 안전한 대형은행 위주로 거래할 것이고 소형은행은 문을 닫을 수도 있다. 하지만 현실에서 대형은행은 안전성을 제공하는 대가로 상대적으로 조금 낮은 금리를, 소형은행은 대형은행과의 차별화를 위해 조금 높은 금리를 소비자에게 제시하게 된다. 이런 원리는 대부분의 금융회사와 금융상품에도 적용되는데 상대적으로 크고 안전한 회사나 금융상품은 금리를 조금 낮게, 작거나 안전성이 떨어지는 회사나 금융상품은 금리를 높게 책정하곤 한다.

3.1 왜 금리에 관심을 가져야 하는가?

금리는 사회전반에 큰 파급효과를 미친다. 먼저 국가 간의 관계에서 생각해 보자. 만약 우리나라와 미국의 금리가 같다고 했을 때 해외 투자자는 두 나라 중 어느 나라에 투자하려 할까? 환율과 다른 요소는 고려하지 않고 단순히 금리만 놓고 본다면 아마 미국을 선택할 것이다. 앞서 봤듯이 금융회사로 생각하자면 미국을 더 크고 안전한 금융회사로 생각할 것이기 때문이다. 그렇기 때문에 해외 투자자를 유치하기 위해서는 다른 나라 보다 높은 금리를 책정하는 것이 유리하겠지만 높은 금리를 책정하면 국내 경기가 침체에 빠질 가능성이 높아지게 된다. 더불어 환율 부분에서 언급을 하겠지만 금리가 높으면 국내 통화가치가 절상(환율하락)되어 수출기업은 제품가격 상승효과가 생겨 가격 경쟁에서 불리하게 된다. 만약 금리를 낮춘다면? 방금 얘기한 현상은 모두 반대로 된다. 이렇듯 국가의 금리(기준금리) 책정은 국가경제를 포함해서 모든 경제주체에 영향을 주게 된다.

다음은 금리가 기업에 미치는 영향을 살펴보겠다. 기업에는 필수적으로 필요한 것 중 하나가 유동성 확보이다. 이는 기업활동에 현금이 잘 돌아야 한다는 것인데 재무상태가 좋은 기업이라 하더라도 기업은 몇일만 사용하는 콜이라고 하는 초단기 거대자금부터 수십년 장기자금까지 대출을 활용하기도 한다. 그런데 금리가 높으면 기업은 높은 대출이자 부담으로 수익성이 떨어지기 때문에 기업활동을 축소하거나 신규투자를 미루는 등의 조치를 취하게 되어 경기침체 가능성이 높아지게 된다. 반면 금리가 낮아지면 대출이자 부담을 덜고 유동성을 확보할 수 있어 기업은 신규투자나 사업을 확장하며 경기가 활성화된다. 하지만 정도가 심해지면 무분별한 투자가 성행하고 인플레이션이 발생되는 등 경제에 커다란 피해가 발생하기도 한다.

이번엔 개인 입장에서 금리의 영향을 살펴보자. 금리가 높다면 사람들은 어떻게 할까? 좀 과하게 얘기해서 2% 금리가 10%로 된다면 어떤 일이 벌어질까? 아마 많은 사람들이 쓸 돈을 아껴가며 저축을 하게 될 것이다. 이 말은 소비를 줄인다는 것이고 물건을 파는 기업 입장에서는 매출이 줄어들어 매출하락과 함께 사업규모 축소를 고려하게 될 것이며 일자리가 줄어들게 될 것이다. 그리고 대출이 있는 사람은 대출이자도 올라가기 때문에 다른 곳에 쓸 수 있는 돈(가처분 소득)이 줄어들 것이다. 즉, 금리인상은 개인에게 저축을 선택하게 하고, 이자상환 부담과 소비감소 현상으로 나타나게 된다. 반대로 금리를 낮춘다면 저축효과가 떨어지고 돈을 빌리는데 부담이 줄어들어 대출받는 사람이 늘어나게 된다. 즉 금리인하는 개인의 소비를 진작시켜 경기활성화를 유도하는데 이런 현상이 과할 경우 인플레이션 발생과 향후 경제침체의 큰 뇌관이 될 수 있는 가계부채 상승(가계부채가 상승하면 소비가 줄고 향후 약간의 이자상승으로도 감당하기 어려운 경기침체가 올 수 있음)으로 이어질 수 있다.

이렇듯 금리 인상 또는 인하는 모든 경제주체에게 커다란 영향을 주기 때문에 금리변화 방향을 체크하고 있는 것은 경제활동의 기본이라 하겠다.

참고로 금리 변화에 따른 재테크를 생각해 보겠다. 먼저 금리인상기에는 소비를 하는 것 보다 저축이 유리하고, 높은 이자를 주는 저축상품이나 채권 매입을 고려해 볼 수 있으며, 향후에도 금리가 계속 상승한다면 만기가 짧은 상품을 가입해서 만기 후 더 높은 금리로 재가입을 생각해 볼 수도 있다. 만약 일시적인 금리상승이라면 확정이율로 만기가 긴 상품이 유리할 것이다. 반대로 금리인하기라면 저축 보다는 대출을 받아 대출이자 보다 더 높은 수익이 나는 곳에 투자를 고려해 볼 수 있으며(이를 레버리지 투자라 하는데 재테크에서는 언급되곤 하지만 재무설계에서는 원칙적으로 추천하지 않는 방법임), 보유하고 있는 채권 매도도 생각해 볼 수 있다. 그리고 금리인하 상태에서 경기가 활성화 단계를 넘어 과열되고 있다면 인플레이션 발생 가능성이 높아지고 있는 것이기 때문에 현금이나 현물자산을 늘려 놓는 것이 적절한 대처방법이라 할 수 있다.

그럼 다시 본론으로 돌아와서 금리 변화에 따라 여러 경제지표가 어떻게 변하는지를 <표 2-2>로 정리해 봤고 세부내용은 본 책 2장 투자상품에서 추가적인 언급이 있을 것이다.

구분	금리인상	금리인하
경기	침체	활성화 (과하면 인플레이션)
물가	하락	상승
환율	인하 (원화가치 절상)	인상 (원화가치 절하)
대출	감소	증가
부동산 경기	침체	활성화

<표 2-2> 금리변화가 미치는 경제효과

3.2 이자를 계산하는 방식 : 단리, 복리

이자를 계산하는 방법은 단리나 복리가 있다.

먼저 단리로 이자를 계산하는 방법은 원금에 이자율과 기간을 곱하는 방식으로 구할 수 있는데 예를 들어 1년 동안 연3% 예금에 100만원을 단리로 저축해서 받는 이자는 100만원X3%X1년 = 3만원이 된다. 2년이면 1년 이자 3만원X2년 = 6만원, 3년이면 1년 이자 3만원X3년 = 9만원 이런 식으로 1년

이자에 기간을 곱하면 된다. 따라서 3년이면 원금 100만원+이자 9만원 = 109만원이다. 반면 복리방식은 이자에 이자를 주는 방식인데 원리는 다음과 같다. 첫해에 저축을 해서 만기에 원금과 이자를 받게 되면 이 금액 모두를 다시 저축하고 이것을 매번 반복하면 이자에 이자가 붙는 복리가 된다. 예를 들어 1년 동안 연3% 예금에 100만원 복리로 저축하면 만기금액은 다음과 같이 계산한다. 만기금액=100만원X(1+이자율3%)=103만원. 2년 동안이면 만기금액=100만원X(1+3%)X(1+3%), 3년이면 만기금액=100만원X(1+3%)X(1+3%)X(1+3%)=109.27이 된다. 3년째 두 방식을 비교해 보니 복리가 단리보다 0.27만원이 더 붙었다. 복리가 좋다고 하는데 별 차이가 없는 것 같다. 그런데 만약 기간을 늘려 30년을 저축했다면 어떨까? 같은 요령으로 계산해보면 단리는 100만원+3만원X30년=190만원, 복리는 100만원X(1+3%)X...X(1+3%)처럼 (1+3%)를 30번 곱하면 되고 결과는 약 242.73만원이 된다. 30년 장기로 했더니 차이가 상당하다. 비교를 위해 단리와 복리를 그래프로 그려보면 <그림 2-2>와 같다.

<그림 2-2>의 X축은 시간, Y축은 금액이다. 그리고 X축의 가, 나, 다는 모두 동일한 간격 즉, 동일한 시간을 표시한 것이다. 여기서 '가'만큼 시간이 지났을 때 복리와 단리의 금액차이는 A인데 미미한 수준이다. 그 다음은 같은 간격의 시간이 늘어나 '나'의 위치가 되었을 때 복리와 단리의 금액차이는 B만큼으로 차이가 상당하다.

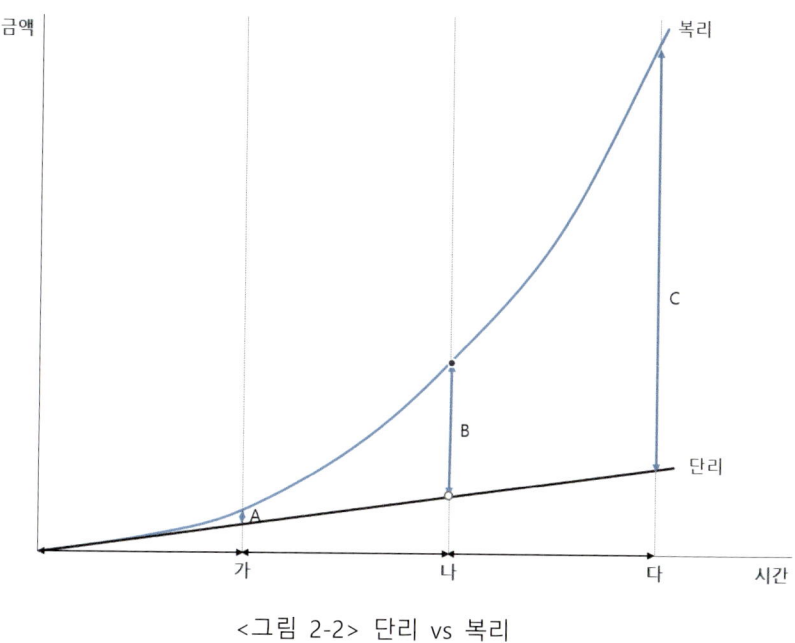

<그림 2-2> 단리 vs 복리

시간이 '가'에서 '나'만큼 1배 늘었는데 금액차이는 그 이상 몇 배가 늘었다. 다시 한번 동일한 간격의 시간이 늘어 '다'가 되었을 때 금액차이는 B보다 더 크게 차이나는 것을 확인할 수 있다. 즉, '나'에서 '다'로 기간이 배가 늘었지만 금액 C는 B의 배를 넘어서게 된다는 얘기다.

여기서 알 수 있는 복리의 중요한 특징이 있다. 그것은 복리 효과가 생기기 위해서는 첫째가 시간이 필요하고 둘째가 금리라는 것이다. 그리고 복리로 저축할 때 금리는 소비자가 정할 수 없고 금융회사가 제시하는 것 중에 선택만 가능하지만 시간은 대부분 소비자가 정할 수 있다. 즉, 복리효과를 보느냐 못 보느냐는 소비자가 선택할 수 있는 것이다.

이어서 복리와 관련된 몇가지 얘기를 더 해 보겠다.

첫째, 복리에는 72법칙이라는 것이 있다. 예를 들어 연복리 3%인 금융상품에 예금하면 언제 내 원금이 2배가 될까? 다음처럼 계산하면 된다. 72를 이자율 3%의 숫자 3으로 나누면 24가 된다. 이것은 내 원금이 두배가 되는 것은 24년 후라는 것을 의미한다. 또한 10년 뒤에 원금을 두배로 만들고 싶다면 연복리 몇% 수익률인 상품에 예금해야 할까? 이번엔 72를 기간 10으로 나누면 된다. 즉, 7.2년 후에 내 원금은 두배가 된다. 72법칙은 이렇게 내 원금을 두배로 만들기 위한 이자율 또는 시간을 간단히 계산해 볼 수 있는 방법이다. 아주 정확한 계산은 아니지만 정확하다 해도 무리가 없는 수준의 계산이다.

둘째, 1년이내 기간에서 계산해 보면 오히려 단리방식으로 계산하는 것이 더 크다. 하지만 실제 금융상품에서는 복리상품이라 하더라도 1년이내 기간에 대해서는 단리로 계산하고 1년이상 기간에 대해서만 복리로 계산하는 것이 일반적이다.

셋째, 단리인 상품을 복리로 만들 수 있다. 예를 들어 1년 만기 예금에 가입했다고 하면 1년 뒤 만기에 원금과 이자를 수령하게 될 것이다. 이것을 쓰지 않고 원금과 이자를 그대로 다시 예금을 하면 이자에 또 이자가 붙게 되어 복리가 된다. 단, 만기금액을 수령할 때 이자소득세가 원천징수 되기 때문에 다시 투입되는 이자금액이 세후 금액으로 줄어드는 것은 감안해야 한다.

넷째, 복리효과라는 말은 그 내용을 확인해 봐야 한다. 가끔 주식이나 펀드에 복리효과가 있다고 말하는 것을 듣곤 하는데 아마도 주식이나 펀드는 매일 발생한 수익을 포함해서 다음날 재투자 하기 때문에 복리효과가 있다고 하는 것으로 생각된다. 만약 수익이 매일 플러스가 된다면 맞는 말이다. 하지만 매일 수익이 보장되는 것이 아니고 손실이 생기는 경우도 있기 때문에 복리라는 말이 포함되는 것은 틀린 말이다. 투자상품은 투자수익을 받을 수 있다가 적합한 표현일 것이다.

다음은 이자율 관련해서 실생활에서 접할 수 있는 내용인데 주의가 필요한 부분이라 소개해 본다. 예를 들어 "이 상품은 한달만 거래해도 연3%의 이자를 드립니다." 라는 설명을 들었다. 이 경우 만약 100만원을 납입하면 한 달 뒤 얼마의 세전이자를 받게 될까? 100만원X3% = 3만원일까? 100만원X3%X1개월/12개월 = 2,500원일까? 정답은 후자 2,500원이다. 수익률로 계산하면 0.25%이다. 왜냐하면 제시한 이자율은 연3% 즉, 1년 기준 3%인데 실제 거래하는 기간은 1개월이기 때문에 후자처럼 12개월로 나눠서 계산한 이자를 받게 된다. 따라서 금융거래에서 제시되는 이자율이 실제 저축기간 기준인지 연 기준인지를 확인해야 정확한 수령금액을 알 수 있다. 만약 1개월에 3%라면 1년 기준으로는 3%X12개월 = 36% 즉, 연36% 라는 얘기가 된다.

4. 은행 상품

은행에서 가입할 수 있는 상품은 다양하지만 여기서는 은행을 가장 대표하는 상품이라 할 수 있고 재무설계에서 필수적으로 감안해 봐야 하는 상품인 저축상품(적금, 예금)과 신탁상품을 중심으로 알아보겠다.

4.1 적금

적금은 매월 일정한 금액을 납입하고 만기에 원금과 이자를 받는 상품이다. 만기는 대부분 1년이고 간혹 3년 만기 상품도 취급한다. 이자를 계산하는 방법은 단리방식이 대부분이고 3년만기 복리상품이 출시되기도 한다. 다음은 연 3% 이자를 지급하는 적금에 매월 10만원을 납입하면 1년뒤 받게 되는 세전(이자소득세 원천징수 전) 만기금액을 계산한 것이다.

<표 2-3>에서 첫번째 달 1월에서 이자 부분을 보면 납입금액 10만원에 연이자율 3%를 곱하고 만기(1년)까지 남은 개월 수 12개월을 곱하고 연이자율을 사용했기 때문에 1년의 개월 수인 12로 나누면 이자는 3,000원이다. 다음 두번째 달 2월에서는 납입금액 10만원에 역시 연이자율 3%를 곱했고 이번엔 가입하고 한달이 지났기 때문에 만기까지 남은 기간 11개월만 이자 계산이 되니 11을 곱하고 연이자율 1년의 개월 수 12로 나누면 이자는 2,750원이 된다. 다음 3월에는 만기까지 10개월이 남은 것만 제외하면 나

머지 계산은 동일하다.

<단위 : 원>

개월수	입금액	이자	만기금액
1월	100,000	100,000X3%X**12개월**/12 = 3,000	103,000
2월	100,000	100,000X3%X**11개월**/12 = 2,750	102,750
3월	100,000	100,000X3%X**10개월**/12 = 2,500	102,500
...		...	
12월	100,000	100,000X3%X**1개월**/12 = 250	100,250
계	1,200,000	19,500	1,219,500

<표 2-3> 적금 이자계산

이렇게 매월 납입되는 금액에 만기까지 남은 개월 수를 조정해가며 이자의 합을 계산하면 19,500원이 된다. 즉, 12개월 동안 매월 10만원을 입금하면 원금은 120만원이고 이자는 19,500원이 되어 만기금액은 세전 1,219,500원이 된다. 참고로 이자소득세 원천징수 세율은 15.4%이기 때문에 이자 19,500X15.4% = 3,003원을 원천징수 하고 세후 실제 수령금액은 1,219,500 – 3,003 = 1,216,497원이 된다. 여기서 알 수 있는 것은 적금의 이자가 총납입하게 되는 원금120만원X3% = 36,000원이 아니고 <표 2-3>과 같은 방식으로 계산 된다는 것이다. 그리고 이런 이자계산 방법을 아는 것은 금융상

품을 이해하는데 도움이 된다.

재무설계에서 적금의 가치는 다음과 같이 생각해 볼 수 있다. 좀 전의 계산을 통해 알 수 있듯이 시중금리가 낮거나 큰 목돈을 저축하는 경우가 아니라면 이자는 그리 크지 않을 수 있다. 하지만 만기에 찾게 되는 원금을 생각해 보면 목돈이라는 생각이 든다. 적금은 짧은 시간에 거의 위험 없이 목돈을 만들 수 있는 수단으로 종종 활용된다. 그래서 적금은 투자하기 위한 종자돈을 모으기 위해 활용한다고 얘기하는 경우도 있다.

4.2 예금

적금은 매월 일정한 금액을 납입하는 것이고, 예금은 가입할 때 목돈을 한 번만 납입하고 만기에 원금과 이자를 수령하는 상품이다. 그리고 1년 만기 예금이자를 계산하는 방법은 납입금액 X 연이율 이다. 예를 들어 1천만원을 연3%이자를 지급하는 예금에 가입하면 1년뒤 이자는 1천만원X3% = 300,000원이다. 따라서 만기금액은 세전 10,300,000원이 된다.

예금은 목돈이 있는 경우 적합한 저축방법이며 재무설계 측면에서는 향후 1년에서 5년 사이(단기)에 필수적인 자금을 안전하게 모을 수 있는 저축수단으로 활용하며, 재테크 측면에서는 금융시장의 변동성이 클 경우 몇 년 동안 자금을 안전하게 보호하기 위해 활용하곤 한다.

이렇게 적금과 예금을 살펴봤는데 재무설계에서 적금과 예금은 많은 이자를 받기 위한 수단이기 보다는 5년 이내에 꼭 써야 할 목돈이 필요한 경우 안전하게 자금을 모으는 방법으로 생각하면 좋다. 그런데 언젠가 신문에서 본 적이 있는데 기사의 주인공이 본인은 수십년 적금만 해서 큰 돈을 모았기 때문에 앞으로도 계속 적금만 할 것이라고 얘기하는 것을 본 적이 있다. 이 분의 그간 저축내용을 보니 매년 적금만기가 되면 만기금액을 쓰지 않고 원금과 이자 전부를 다시 예금하고 매월 납입하는 적금도 계속하는 방법을 사용했다. 이렇게 하면 앞에서 봤듯이 복리 방식의 저축을 한 것이고 복리효과를 보기 위해 가장 중요한 장기저축을 한 것이다. 그래서 수십년 동안 이렇게 저축하면 기사의 주인공처럼 큰 금액을 만들 수 있다. 하지만 이런 결과가 나온 것은 주인공이 돈을 쓰지 않고 그대로 다시 저축했다는 것과 그런 것을 수십년 오래 유지했기 때문이다. 다시 말해 이 분은 상품을 잘 선택해서 이런 결과를 얻었다고 생각하기 보다는 본인의 저축 성향 때문이라 보는 것이 타당하며 다른 저축수단을 선택했다 하더라도 좋은 결과를 얻었을 것으로 추측된다.

정리하자면 일반적으로 적금과 예금은 5년이내에 안전하게 목돈을 모아야 할 경우 좋은 선택이 될 수 있다.

4.3 신탁

신탁에 대해서는 개념을 중심으로 소개하고자 한다. 왜냐하면 이제껏 신탁은 재산이 일정수준 이상 있는 사람이 이용해 볼 만한 상품이란 의식이 있었고 실제도 그러했다. 하지만 우리나라 각 가정이 이전 세대와 달리 부를 축적한 경우가 많아지면서 자산 이전에 관심이 높아졌고 최근(2024년 말) 생명보험 사망보험금에 대해서 신탁이 가능하게 되는 등 신탁을 활용할 만한 소비자도 늘어났고 재무설계 측면에서도 역할이 기대되는 측면이 있기 때문이다. 따라서 본 책에서는 신탁을 개념 중심으로 간단히 소개하고 활용 여부는 소비자의 판단에 맡기고자 한다.

신탁은 나의 뜻을 반영해서 자금을 운용하고 그것을 내가 지정한 사람에게 지정한 방식대로 줄 수 있는 상품이다. 내가 생존해 있건 사망한 상태이건 가리지 않고 말이다. 예를 들어 '지금 이 자금을 어떤 금융상품으로 불린 뒤 자녀가 성인이 됐을 때부터 매월 얼마씩 지급한다.' 등의 방식이다. 언뜻 보면 증여나 상속하고 비슷해 보일 수 있으나 신탁은 다른 상속인들과 재산을 분할해야 할 의무는 없다. 다시 말하면 상속은 상속인들의 법정지분이 상속인들의 합의 없이 침해를 받았을 때 각 상속인들은 최소한의 본인지분을 법으로 인정받는 유류분 제도가 있어서 피상속인(망자)이 원하는 대로 재산을 분할하는데 제약이 있으나 신탁은 상속재산과 별개의 재산으로 보기 때문에 피상속인이 원하는 특정인을 지정해서 원하는 방식으로 줄 수 있다.

5. 증권회사(투자회사) 상품

증권회사 상품은 투자상품이다. 금융회사가 소비자에게 투자상품을 권유할 때 관련 규정과 법규에 의해 꼭 실시해야 하는 것 중 하나가 주의사항 안내이며 표현이 좀 다를 수는 있는데 다음과 같은 내용을 꼭 포함시키고 있다. "투자 결과에 따른 책임은 소비자에게 있다"라는 내용이다. 물론 투자상품을 판매하는 회사도 정확한 설명을 해야 할 의무가 있지만 투자상품에 가입하는 소비자에게도 주의할 것을 사전에 안내하고 있는 것이다.

따라서 이 책에서 투자 관련해서 설명하는 내용은 소비자가 금융회사의 투자상품 설명을 들을 때 그 내용을 이해하고 그것이 나에게 적합한 것인지 판단할 수 있는 안목을 높이는데 도움을 주고자 노력했다.

증권회사 상품 하면 어떤 것이 가장 먼저 생각날까? 아마 주식일 것이다. 그런데 주식을 거래하고 있거나 거래해 봤던 사람은 왜 주식에 투자했을까? 그것은 다름아닌 주식의 기대수익률 때문일 것이다. 좀 더 직설적으로 얘기해 보면 일반상품 대신 투자상품을 거래하는 이유는 수익이 몇 배까지 차이 날 수도 있는 투자상품의 높은 기대수익률 때문이다. 기대수익률이라는 것은 확정된 수익률이 아닌 기대되는 수익률이고 기대수익률은 오히려 원금손실이 생길 수도 있다.

이렇게 투자상품에 투자하는 첫번째 이유인 투자상품의 기대수익률에 대해 투자자가 명확히 이해하는 것은 상품 가입 여부를 결정하거나 가입 이후 상품을 유지하는데도 꼭 필요하다. 이런 이유로 먼저 투자했을 때 발생하는 투자수익률(기대수익률)에 대한 이해를 넓혀 본 뒤 투자상품에 대해 알아보도록 하겠다.

5.1 투자수익률의 이해

투자해서 받는 투자수익과 저축해서 받는 이자는 다르다. 어떻게 다를까? 저축은 1년만기 연3% 적금에 매월 10만원을 입금하는 것처럼 돈을 입금하고 약정한 시간이 되면 이자를 받는다. 투자는? 돈을 입금하고 시간이 되기까지(환급시점까지) 기다리면 투자수익이 발생하는 것인가? 아니다. 투자는 기다린다고 해서 수익이 발생하는 것이 아니고 매입한 가격 보다 비싸게 매도하면 발생하고 투자수익률은 이 투자수익을 기간으로 환산한 것이다. 그리고 이를 1년 단위로 환산하면 연환산수익률이라 하고, 투자한 총기간 수익률은 누적수익률이라 한다.

<그림 2-3>을 보자. 저축은 그림의 점선처럼 시간이 지날수록 금액이 상승해서 환급시점에 약정한 금액을 받는다. 반면 투자는 총5번 돈을 입금했다고 했을 때 1회부터 5회까지 각각 매입가격과 환급시점의 매도가격을 비교한 뒤 그 금액을 합해서 총수익을 계산하고 투자수익률을 산출한다.

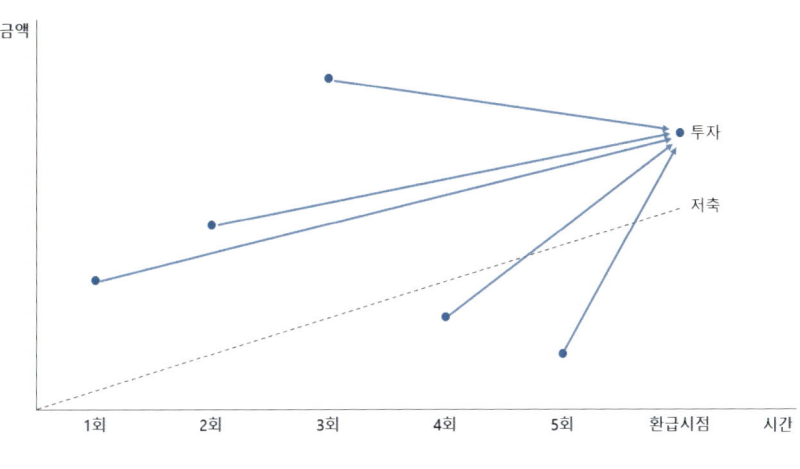

<그림 2-3> 투자수익률 VS 이자

그리고 그림에서 보면 1,2,4,5회 때 납입한 금액(매입금액)은 환급시점(매도금액)의 가격 보다 낮아서 수익이 발생했지만 3회 때 납입한 금액은 환급시점 보다 더 비싸게 샀기 때문에 마이너스 수익이 발생한 상태이다. 이렇게 1회부터 5회까지 발생한 수익(3회는 마이너스 수익)을 모두 더해서 투자기간으로 환산하면 투자수익률을 산출할 수 있다. 더불어 1회 때 납입한 금액은 시간으로 보면 가장 오래됐지만 수익으로 보면 가장 최근에 납입한 5회 때의 수익이 가장 좋다. 왜냐하면 매입가격과 매도가격의 차이가 가장 크기 때문이다. 이렇게 투자는 투자한 기간에 따라 수익이 결정되는 것이 아니다.

단, 여기서 오해하지 말아야 할 중요한 것 하나를 짚어 보겠다. 방금 예로 든 것을 보고 투자에서 장기투자는 중요하지 않다 등으로 생각하면 안된다.

장기투자는 투자수익률 관리에 있어서 매우 중요하고 꼭 지켜야 할 원칙이다. 좀 전에 언급한 내용은 단지 투자수익이 발생하는 원리를 설명하기 위한 것이지 단기투자가 좋은 결과를 내는데 더 유리하다고 얘기한 것은 아니다.

이어서 투자수익률에 대해 좀 더 얘기해 보겠다. 투자수익은 시간과 관계없지만 투자수익률은 앞서 봤듯이 투자수익을 투자한 시간으로 환산한 것이다. 예를 들어 A라는 사람은 건물을 10억에 구입하고 10년 뒤 20억에 팔아서 100% 수익을 얻었고, B라는 사람은 건물을 역시 10억에 사서 20억에 팔아 100% 수익을 얻었는데 2년만에 이렇게 됐다고 생각해 보자. 두 사람은 누적수익률만 놓고 보면 100%로 동일하지만 이를 연단위로 환산한 연환산수익률은 A의 경우 100%÷10년=10%이고 B의 경우 100%÷2년=50%이다. 두 사람의 투자수익률은 누적수익률로 계산하면 같은 것으로 보이나 연환산수익률로 계산하면 5배가 차이 난다. 이렇듯 투자상품은 어떤 투자수익률로 보는가에 따라 착시현상이 발생할 수 있고, 금융상품끼리 수익률을 비교해 보려면 각종 세금이나 거래 비용 등 수익률에 영향을 미치는 모든 요소들을 반영한 뒤 나오는 순수익률(연환산 기준)로 비교하는 것이 합리적이다.

5.2 투자수익과 더 큰 바보 원칙

투자자는 수익을 기대하며 하지만 동시에 주저하게 되기도 한다. 이유는 바로 투자위험 다른 말로 원금손실 위험 때문이다. 그래서인지 투자에는 오래전부터 원금손실 위험을 줄이는 여러 기법, 격언, 사례 등이 전해져 오고 있는데 지금 얘기할 더 큰 바보 원칙도 그 중 하나이며 투자자가 꼭 알고 있어야 할 사례이다.

17세기 네덜란드에서는 튤립을 재배하는 기술이 발달해서 여러 희귀한 튤립이 만들어졌고 비싼 가격에 거래되고 있었다. 그 중 희귀한 것은 구근 1뿌리와 황소 몇 백, 몇 천마리를 바꿀 정도였다. 이런 것이 사람들 입소문을 타면서 모두가 튤립에 투자하는 광풍이 불었는데 어느 순간 더 이상 튤립을 비싸게 살 사람이 없다는 소문이 퍼지면서 가격이 폭락하게 되었고 수많은 사람들이 피해를 입는 일이 발생했다. 이 시기 네덜란드는 세계를 제패하던 경제강국이었지만 이 사건을 계기로 국가경제에 심각한 타격을 입게 되어 세계의 주도권도 놓치게 되는 결과를 초래하게 되었다. 이 오래된 사건이 지금도 중요한 이유는 이와 유사한 일이 현재도 계속 발생하고 있기 때문이다. 그렇기 때문에 우리는 이 튤립사태가 주는 교훈에 주목하고 이와 유사한 일에 휘말리지 않도록 주의해야 할 것이다. 여기서 배울 교훈은 다음과 같다.

첫째, 아무리 희귀한 튤립이라도 그것의 가치가 황소 몇 백마리와 바꿀 수 있는 것인가를 생각해 봐야 한다. 튤립은 지금 당장은 희귀해도 키우면 개체가 늘어난다. 즉, 희소성이 유지되지 않는 대상이다. 둘째, 비싸게 팔 수 있다는 소문만 듣고 무작정 투자했다. 모든 사람이 다 아는 정보는 더 이상 고급 투자정보로 볼 수 없으며 군중심리에 휩쓸려 투자하게 되면 이미 많은 사람이 투자한 상태이기 때문에 나는 뒤늦게 비싼 가격으로 사게 된다. 당연히 좋지 않은 결과를 가져온다. 셋째, 이미 튤립 한뿌리와 황소 몇 백마리를 바꿀 만큼 가격이 많이 올라 있는데 더 오를 것이라 생각하고 투자했다. 이미 가치를 초과해서 많이 올라있는데 더 오를 것이라 믿는 더 큰 바보 원칙이다. 냉정하게 가치를 평가해야 한다. 넷째, 더 이상 살 사람이 없다는 소문이 퍼지기 전에 초기 투자자(자본가)들은 이미 비싼 가격에 다 팔아서 수익을 실현하고 시장을 떠난 뒤였다. 자본가는 초기에 투자해서 가격을 높여 놓고 거품이 꺼지기 전에 떠난다. 거품은 순식간에 꺼지게 되며 이 때 최대 피해자는 언제나 뒤늦게 시장에 참여한 사람들이다.

이 4가지 교훈은 현재 투자시장에도 유효한 교훈이다. 더 큰 바보가 되는 것은 비이성적인 기대감을 갖는 것에서 시작되기 때문에 그렇게 되지 않도록 언제나 이성적인 투자자의 자세를 갖추는 것이 투자의 첫 걸음이다. 이성적 판단을 할 수 있는 준비가 되어 있지 않다면 투자를 하면 안된다.

5.3 가격의 변동 : 오버슈팅

오버슈팅은 시간에 따른 투자대상의 가격 변동을 설명하는 이론인데, 투자대상은 <그림 2-4>처럼 시간이 지나면서 가격이 상승하다 어느 순간에는 본연의 가치를 넘어서(오버슈팅) 가격이 형성되고 이후 정점을 지나 결국 본연의 가치에 맞는 가격으로 하락하게 된다는 내용이다.

이런 가격의 오버슈팅 현상은 거의 모든 투자대상에서 나타나는 현상으로 내가 투자하려는 대상이 현재 가격변동 사이클에서 어느 시점에 있는지 생각해 보면 투자시기를 결정하는데 도움이 된다.

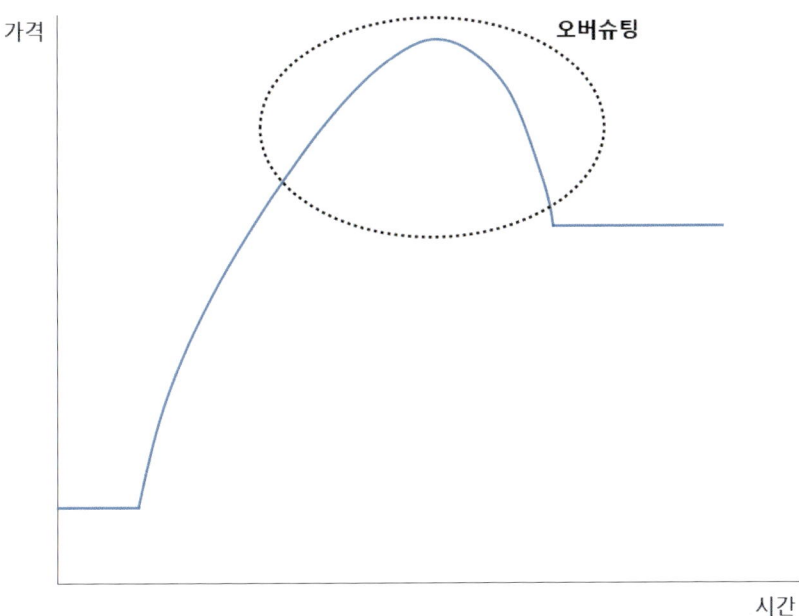

<그림 2-4> 가격변동 곡선

예를 들어 사람들이 잘 모르는데 가격이 오르고 있다면 아직 오버슈팅까지

는 아닐 가능성이 있고, 모든 사람이 다 알고 있는데 가격도 계속 많이 상승하고 있다면 오버슈팅 가능성이 높다. 투자는 바로 실행해야 하는 것도 있지만 그렇지 않은 것도 있다. 그리고 오버슈팅에 대해 얘기하는 것은 투자대상의 오늘 내일 가격을 예측하자는 것이 아니고 투자대상의 가격수준이 어느 시점에 와 있는지를 판단해 보자는 것이다.

5.4 위험과 수익

투자시장에는 high risk – high return(하이리스크하이리턴)이라는 말이 있다. 높은 위험을 부담하면 높은 수익을 얻을 수 있다는 말이며, 높은 수익에는 높은 위험이 따른다는 것을 의미하기도 한다. 그리고 이는 거의 모든 투자대상에 적용할 수 있는 원리이다.

그럼 이런 생각도 해 볼 수 있다. 위험의 크기가 계속 커지면 수익도 계속 커지는 것일까? <그림 2-5>를 보자.

이 그림은 포트폴리오 이론에서 가장 먼저 접하게 되는 해리 마코위즈의 효율적 투자기회선이라 한다. 이렇게 소개를 하니 갑자기 포트폴리오 이론에 심도 있게 들어가는 것인가? 라는 생각이 들 수도 있겠지만 이것만큼 위험과 수익에 대해 잘 설명하는 것은 찾아보기 어렵기 때문에 핵심내용만 소개해 보려 한다.

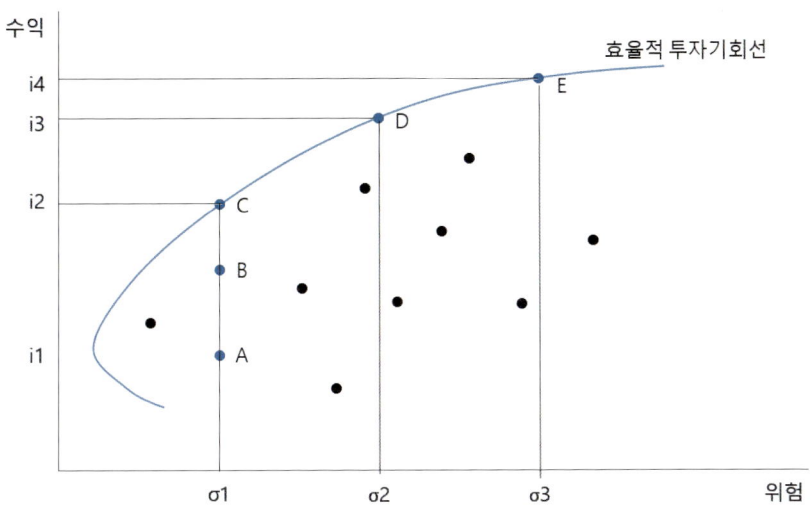

<그림 2-5> 마코위츠의 효율적 투자기회선

이 그림의 가로축은 위험, 세로축은 수익이다. 그림에서 점 A를 보면 위험은 σ1이고 수익은 i1이다. 마코위츠는 여러 투자대상의 위험과 수익을 측정해서 모두 이렇게 점으로 표시했다. 이번엔 점 A, B, C를 보자. 위험은 모두 σ1으로 동일하지만 수익은 모두 다르다. A, B, C 중 하나에 투자를 한다면 어디에 투자를 할 것인가? 위험은 σ1로 모두 동일하니 수익이 가장 높은 C에 투자하는 것이 가장 효율적인 투자가 될 것이다. 그리고 같은 요령으로 나머지 찍혀 있는 점들에 대해서도 효율적 투자인 점들을 찾아 연결해 보니 그림과 같은 곡선이 나왔고 이를 효율적 투자기회선이라 부르게 되었다. 즉, 곡선위의 대상에 투자하는 것이 효율적 투자인 것이다. 그런데

여기서 중요한 것을 알게 되었다. 바로 위험과 수익의 관계이다. 효율적 투자기회선 위에 있는 점 C를 보면 위험은 σ_1이고 수익은 i_2이다. 여기서 위험을 높여 σ_2에서 보면 점 D가 효율적 투자이고 수익은 i_3이다. 여기서 위험을 σ_1에서 σ_2로 올린 크기 만큼 한번 더 올려서 σ_3에서 효율적 투자인 점 E를 찾았다. 첫번째 위험을 올렸을 때 즉, σ_1에서 σ_2로 올렸을 때 수익은 i_2에서 i_3만큼 올랐다. 두번째 다시 동일한 크기로 위험을 올렸을 때 즉, σ_2에서 σ_3로 올렸을 때 수익은 i_3에서 i_4로 올랐는데 그림에서 보이듯이 첫번째(i_2에서 i_3) 만큼 오르지 않았다. 그리고 그 이후에는 위험을 크게 높여도 수익은 거의 오르지 않는 것이 관찰되었다.

다시 정리해 보면 위험은 어느 수준 이상부터는 크기를 키워도 수익이 그만큼 늘어나지 않는다는 것이다. 앞으로 돌아가서 "위험의 크기를 키우면 수익도 계속 커지는 것일까?"에 대한 답은 그렇지 않다 라는 것이다. 즉, 일정 수준을 초과해서 위험을 감수하는 것은 위험의 크기만 키우는 것이지 그에 상응하는 수익 상승 효과는 없는 것이다. 따라서 적정수준의 위험 적정수준의 수익을 추구하는 것이 합리적인 투자자세라 할 수 있으며 이미 투자를 실전 체험해 본 경험자일 수록 중간위험 중간수익을 추구하는 사례가 많아지는 것이 현재 투자시장이다.

5.5 포트폴리오(분산투자)

'계란을 한 바구니에 담지 말아라.' 많이 들어봤을 말이고 심지어 투자를 해 보지 않은 사람도 아는 말이다. 이 말은 포트폴리오를 해야 한다는 말을 간단하게 잘 표현한 말인데 이제부터 포트폴리오에 대해 알아보자.

포트폴리오는 우리말로 분산투자이다. 여기서 잠시 주제를 벗어나서 혼동할 수 있는 개념을 짚어 보도록 하겠다. 포트폴리오(분산투자)와 자산배분에 대한 얘기인데 둘은 서로 다른 개념이다. 자산배분은 재무설계에서 사용하는 방법이고 포트폴리오는 재테크에서 사용하는 기법이다. 1장에서 봤듯이 자산배분과 재테크가 다르듯 포트폴리오도 자산배분과 다르다. 포트폴리오는 자산을 배분한 이후 특정 목적자금을 만들기 위해 투자상품을 거래할 때 발생할 수 있는 위험을 관리하는 기법이다. 예를 들어 어떤 사람이 7년 후 필요한 자녀 학자금과 15년 후 필요한 은퇴자금을 준비하려고 할 때 학자금과 은퇴자금을 구분해서 따로 계좌를 만들어 준비하는 것은 자산배분이고, 7년 후 학자금을 마련하기 위해 투자상품으로 재테크 할 때 투자 위험을 관리하기 위한 기법으로 사용하는 것이 포트폴리오이다.

다시 본론으로 돌아와서 포트폴리오 개념에 대한 얘기를 해 보겠다. 예를 들어 한사람이 선글라스가게와 우산가게를 모두 가지고 있다면 비 오는 날엔 우산가게가 돈을 벌어줄 것이고 해 뜨는 날엔 선글라스가게가 돈을 벌어줄 것이다. 만약 선글라스가게만 갖고 있다면 맑은 날만 계속되길 바라며 하늘만 쳐다보는 방법 밖에 없을 것이다. 하지만 두 가게를 모두 갖고 있다면 맑던 비가 오던 어느 경우에도 돈을 벌 것이다. 그러나 높은 수익을 거두기는 어렵다. 한 가게가 잘 되면 다른 가게는 안될 것이기 때문이다. 포트폴리오는 지금의 예시처럼 서로 마이너스 관계가 있는 투자대상을 묶어 놓을 때 좋은 효과를 기대할 수 있다. 하지만 한 곳에 집중투자해서 얻게 되는 기대수익 보다는 낮다.

현존하는 집중투자의 대가이며 오마하의 현인이라 불리는 워런 버핏은 "분산투자를 하는 이유는 무지하기 때문이다."라고 말하기도 했는데 이 말이 맞는 것이 앞으로 어떤 투자위험이 있을지 모르는 것을 인정하고 미리 위험을 줄이려는 방법이 포트폴리오이기 때문이다. 워런 버핏은 버크셔헤서웨이라는 굴지의 투자회사를 운영하고 있는 회장이고 일반인은 물론 왠만한 투자회사가 따라갈 수 없는 정보력과 분석력을 바탕으로 집중투자를 하기 때문에 포트폴리오에 대해 이런 말을 할 수 있다고 이해해야 할 것이다. 하지만 이런 워런 버핏 조차도 2007년에 헤지펀드(위험도가 높은 대신 높은 수익이 기대되는 대상에 투자하는 펀드)와 10년 후 수익률 돈내기를 할 때 워런 버핏이 선택한 투자 대상은 분산투자의 대표적 상품인 미국 S&P500인덱스펀드였다. 세간의 주목을 받던 이 돈내기의 결과는 워런 버핏의 승리로 끝났는데 이 돈내기가 시사하는 바는 집중투자의 대가인 워런 버핏 조차 고수익을 노리고 위험한 곳에 투자하는 헤지펀드 보다는 잘 분산된 곳에 투자하는 것이 좋다는 것을 몸소 증명했다는 것이다. 그리고 이런 결과를 얻고자 하는 것이 포트폴리오를 하는 이유이다.

그럼 개인은 본인의 투자에 어떻게 포트폴리오를 구성해 볼 수 있을까? 개인 특히 일반소비자가 도움 없이 본인 스스로 위험이 관리된 포트폴리오를 구성하는 것은 현실적으로 거의 불가능에 가깝다. 따라서 이미 만들어진 금융상품을 이용하는 것이 현실적인 대안이고 그런 상품이 펀드(집합투자기구)라 할 수 있는데 그 중 ETF나 인덱스펀드가 대표적인 상품이다.

그리고 포트폴리오에 관심을 갖다 보면 이런 얘기를 들어볼 수도 있다. 주식과 채권의 비율을 주식30%~40%와 채권70%~60% 또는 주식60%~70와 채권40%~30%로 구성하는 것이 좋다는 얘기다. 이는 투자자 개인의 특성이나 시장상황을 감안하지 않고 미리 정해진 투자비율대로 분산투자 하는 것인데 이런 주식과 채권 비율은 포트폴리오 이론에서 이론적으로 검증한 비율이고 세계 제1의 투자시장이라 할 수 있는 미국의 월스트리트에서 오랜 기간 실제로 투자해 본 결과 이 비율이 좋은 결과를 낳는 것이 많이 관찰되었다는 것을 근거로 이 비율을 추천하곤 한다. 하지만 과거에 좋은 결과를 낳았다고 해서 앞으로도 좋은 결과를 가져올 것이라고 믿는 것은 투자시장에서 경계해야 할 생각 중 하나이기 때문에 좀 더 객관적인 다른 증거를 확인해 봐야 할 것이다.

결국 투자에 대한 최종 결정은 투자자 스스로의 판단에 따라야 하겠지만 자산배분을 먼저 해 놓고 각각에 대해 포트폴리오를 구성한다면 좀 더 위험을 잘 관리하는 투자가 될 것이다.

5.6 장기투자를 하라는 이유

투자시장에서 성공적인 투자를 하고 싶으면 장기투자 하라는 얘기를 많이 듣게 된다. 직접투자를 하던 펀드(간접투자)에 투자를 하던 관계없고 세계적으로 이름을 날린 위대한 투자자라면 누구를 막론하고 장기투자를 하라고 한다. 왜 그럴까?

아마 장기투자를 투자수익률을 높이는 방법으로 생각하는 투자자도 있을 것이다. 하지만 장기투자가 강조되는 이유는 투자위험 관리에 유리하기 때문인 이유가 더 크다. 투자는 위험을 내포하고 있기 때문에 위험을 관리하는 것이 필수인데 위험을 관리하는 방법 중 손쉬우면서도 효과적인 것이 장기투자이다.

장기투자를 하려면 첫째, 투자대상의 장기적 안전성을 당연히 살펴보게 될 것이다. 둘째, 투자대상은 가격변동이 생기게 되는데 가격이 오를 수도 있지만 떨어질 수도 있다. 그런데 장기투자를 하면 가격이 떨어졌다 하더라도 다시 오를 때까지 기다려 볼 수도 있고 장기적으로 보면 상승과 하락이 반복되며 위험을 상쇄 또는 평준화 시킬 수 있다. 셋째, 투자자가 조급한 마음을 갖지 않을 수 있어서 비이성적인 결정을 내릴 가능성을 줄일 수 있다. 투자에 실패하는 대표적인 원인은 비이성적인 결정에서 오는 경우가 많은데 장기투자를 하면 이런 오류를 줄일 수 있다.

따라서 장기투자를 하면 위험을 관리할 수 있게 되고 이는 안정적인 수익 창출로 이어질 가능성을 높이게 된다.

5.7 단기 상품

투자를 하다 보면 상황에 따라 투자실행을 잠시 멈추고 시장을 관망해야 할 때도 있는데 이 경우 투자금을 안전한 곳에 임시로 넣어 두곤 한다. 그때 주로 활용하는 것이 단기상품이다.

보통 은행저축은 만기를 다 채워야 약정했던 이자를 주고 만기가 되기 전 해지하게 되면 거의 제로 수준의 이자만 지급한다. 하지만 지금부터 얘기할 단기상품들의 가장 중요한 특징은 낮은 이율이기는 하지만 하루만 예치해도 이자를 지급하고 만기가 딱히 정해져 있지 않으며 인출이 필요할 때 이자 손해 없이 인출할 수 있다. 따라서 이런 편리성 때문에 투자대기자금 뿐 아니라 생활비를 넣어두는 목적으로도 단기상품을 거래하는 소비자가 많다.

금융회사별 단기상품은 은행의 MMDA, 자산운용사의 MMF, 증권사나 종합금융회사의 CMA, 보험회사의 MMT 등이 있는데 어느 회사인지 꼭 구분할 필요는 없다. 왜냐하면 상품별 수익률 차이가 크지 않고 운영원리도 비슷하기 때문이다. 참고로 은행의 MMDA와 종합금융회사(종금사)의 CMA는 예금자보호가 가능하다는 점 정도가 다르다.

5.8 증권회사 상품

■ 주식

주식은 증권회사의 대표상품이다. 주식은 기업이 자금을 모으기 위해 발행한 유가증권이며 주식을 매입한 소비자는 기업이 발행한 총 주식수에서 매입한 주식수 만큼 회사의 주인이 되거나 배당 받을 권리를 확보하게 된다. 또한 주식은 매도도 가능해서 양도차익을 기대할 수도 있다. 하지만 기업이 파산하는 경우 투자금을 모두 날릴 수도 있고 주식가격이 하락하는 경우 원금손실이 발생할 수도 있다. 주가는 여러 요인에 의해 매일매일 변동하는데 주식시장에서는 "내일의 주가를 아는 것은 신의 영역이다"라는 말로 주가의 변동을 아는 것은 불가능한 것으로 얘기한다. 맞다! 내일의 주가는 신의 영역이다. 하지만 1년 뒤, 3년 뒤 주가가 오를지 내릴지 맞추는 것은 내일의 주가를 맞추는 것 보다는 더 높은 확률로 맞출 수 있다. 왜냐하면 보통 장기적인 주가는 객관적인 데이터와 기본적인(원칙적인) 분석에 근접하기 때문이다.

성공적인 주식투자를 위해 가장 필요한 것은 무엇일까? 세계적으로 존경받는 대부분의 주식투자 전문가들은 이런 질문에 대해 바람직한 투자자세를 갖춰야 한다고 말한다. 따라서 지금부터 투자의 대가들이 말하는 투자자의 바람직한 자세에 대해 소개해 보도록 하겠다.

먼저 첫번째로 손꼽을 수 있는 인물은 워런 버핏이다. 1930년생인 워런 버핏은 오마하의 현인이라 불리며 아직 생존해 있는 주식투자의 대가이고 미국의 투자회사 버크셔해서웨이의 회장이다. 워런 버핏의 투자성과는 복리기준으로 연 20%대의 수익을 기록했고 세계 10위안에 드는 부자다. 그를 전세계가 인정하는 이유는 어쩌다 몇 번 투자에 성공한 것이 아니라 거의 평생동안 계속 성공적인 투자를 했기 때문이다.

이런 워런 버핏의 투자역사를 간략하게 얘기해 보면 워런 버핏의 초기투자 방식은 스승인 벤자민 그레이엄의 담배꽁초식 투자였다. 이 방식은 가격이 싼 주식을 찾아서 매입하고 가격이 높아지면 파는 방식으로 가장 간단하면서도 효과적인 방법이라 할 수 있다. 이런 방식으로 워런 버핏은 수익을 올리고 있었는데 워런 버핏에 필적하는 투자의 대가 찰스 멍거를 만나며 투자방법의 변화를 가져오게 되었다. 찰스 멍거가 워런 버핏에게 영향을 준 것은 비싼 주식이라도 미래가치가 있다면 매입한다는 것이었다. 이후 찰스 멍거는 2023년 사망할 때까지 버크셔해서웨이의 부회장으로 워런 버핏의 친구이자 투자 동반자로 활동했다.

워런 버핏은 우리나라에 가치투자 붐을 일으킨 장본인으로 많은 투자자들이 그의 투자방식을 따라하기도 했는데 대표적인 것이 저PER 주식에 투자하는 것이었다. PER는 주가를 주당순이익으로 나눈 것인데 분자인 주가가 낮거나 분모인 주당순이익이 높으면 PER는 낮아지게 된다. 즉, 이익은 좋은데 가격이 싼 주식을 찾는 방법으로 좋은 투자결과가 예상되는 방법이라 하겠다. 이런 워런 버핏이 투자자의 자세에 대해 말하는 몇 가지를 살펴보도록 하겠다.

◆ "10년이상 보유할 주식이 아니면 10분도 보유하지 마라." : 앞서 얘기했듯이 워런 버핏도 장기투자 하라고 얘기하고 있다. 이 말은 오래 보유해도 괜찮을 만한 주식을 보유하라는 말로 해석해야 할 것이다. 장기투자를 하려면 미래에 가치가 상승할 대상을 찾아야 할 것이며, 장기투자를 하면 투자위험이 발생했다 하더라도 그것을 극복할 시간이 온다.

◆ "투자규칙 첫번째는 돈을 잃지 말라는 것이며 투자규칙 두번째는 첫번째 규칙을 잊지 말라는 것이다." : 주식투자는 언제나 원금손실 위험을 수반한다. 돈을 잃는 투자를 생각해 보자. 즉흥적이고 비이성적이며 자산의 판단 보다는 그럴듯한 소문에 쉽게 넘어가면 돈을 잃게 될 것이다. 이런 것을 경계해야 한다.

◆ "남이 욕심을 부릴 때 조심하고, 남이 조심할 때 욕심을 부리면 된다." : 많은 투자의 대가들이 공통적으로 하는 말이다. 군중심리에 편승하지 말라는 것으로 사람들이 모두 투자에 나서면 그 때가 투자에서 잠시 떠나 있을 때이며, 모든 사람이 투자에 관심을 갖지 않을 때가 투자할 때라는 말과 상통하는 말이다.

이렇게 워런 버핏에 대해 간략히 알아봤고 다음은 또 한 명의 위대한 투자자인 앙드레 코스톨라니에 대해 알아 보도록 하겠다. 앙드레 코스톨라니는 워런 버핏 못지 않은 유럽의 투자 대가로 1999년 93세로 세상을 떠났는데 앙드레 코스톨라니 하면 계란모형을 떠올리는 사람들이 많다. 계란모형은 금리변동에 따라 주식, 채권, 예금, 부동산 등을 언제 사고 언제 파는 것이 좋은지를 가늠하게 하는 나침반 역할을 하는 것으로 현재 투자시장에도 잘 통하는 공식이라 할 수 있다. 하지만 여기서 얘기하고 싶은 것은 그가 투자자의 심리(마음가짐)에 대해 얘기한 것들이다.

앙드레 코스톨라니는 여러 권의 저서를 남겼는데 미처 서문을 완성하지 못하고 세상을 떠난 그의 마지막 저서 제목이 "돈, 뜨겁게 사랑하고 차갑게 다루어라"이고 "투자는 심리게임이다"라는 제목의 책도 집필했다. 이 책들은 제목 자체가 투자자의 마음가짐에 대해 얘기하고 있으며 내용도 투자기법이 아니라 본인이 겪었거나 투자시장에서 실제 일어났던 역사적인 사례를 통해 투자자가 지녀야 할 마음가짐에 대해 얘기하고 있다.

그런데 코스톨라니나 버핏 포함 여러 투자의 대가가 말하는 것을 보면 비슷한 말을 하고 있다는 것을 알게 된다. 이는 무엇을 의미하는 것일까? 변화무쌍한 투자시장에도 불변의 진리라 할 수 있는 것이 있을 것인데 그것은 다름아닌 이정도 되는 대가들이 공통적으로 얘기하는 것 그것이 아닐까라고 필자는 생각한다.

이어서 투자의 대가들이 공통적으로 하는 말 몇 가지를 보도록 하겠다.

◆ "이성적으로 행동하라"

이 책에서도 언급했던 내용인데 코스톨라니는 "돈, 뜨겁게 사랑하고 차갑게 다루어라"에서 17세기 네덜란드 튤립사태에 대해 얘기하면서 투자자에게 이성적인 행동을 주문하고 있다. 실패하는 투자에서 가장 흔히 찾아볼 수 있는 것이 비이성적 투자이다.

투자자는 투자한 뒤 어떻게 든 잘 될 것이라고 막연한 믿음을 갖곤 하는데 이런 확증편향은 누구나 범할 수 있는 오류로써 조심해야 할 투자심리라 하겠다. 또한 대부분의 사람은 이익을 얻는 것 보다 손실을 피하고자 하는 욕구가 더 강하다. 그러다 보니 손실이 예상될 때 비이성적인 행동을 할 가능성이 높아져서 그 상황을 반전시키기 보다는 손실을 더 키우는 경향이 있다. 튤립사태와 같은 사례는 지금 이 순간에도 일어나고 있다. 그래서 돈은 차갑게 다루어야 한다.

◆ "군중심리로 투자하지 마라"

군중심리에 휩쓸려 투자하는 것이 위험한 이유 중 하나는 그것을 이용하는 사람이 있기 때문이다. 군중이 모이는 곳은 일찌감치 그곳에 싸게 투자했던 사람이 이제는 비싸게 팔고 그 시장을 떠나려는 곳일 가능성이 있다. 이런 곳은 부풀려졌던 풍선이 터지듯 한순간 가격이 폭락하기 쉽고 그 피해는 뒤늦게 참여한 사람의 몫이 된다. 시장가격은 투자대상의 미래가치를 현재의 가격에 선(先)반영 해서 형성된다. 뒤늦게 참여한 사람은 가져갈 것이 없다.

◆ "빚을 내서 투자하지 마라"

주식가격은 계속 오르거나 계속 떨어지거나 하지 않는다. 매일 매순간 상승과 하락을 반복한다. 주식에 투자하는 사람은 모두가 아는 사실임에도 불구하고 빚을 내서 투자하는 사람은 공포심에 이것을 종종 잃어버리고 비이성적인 행동을 한다. 빚을 내서 투자하는 신용거래나 레버리지 투자는 멀리해야 한다.

■ **채권**

채권도 주식처럼 발행주체가 자금을 모으기 위해 발행하는 유가증권이다. 발행주체는 정부, 지방자치단체, 기업 등 다양하며, 주식은 주주(주인)의 지위와 배당 받을 권리 등을 확보하게 되지만, 채권을 매입한 사람은 발행주체에게 돈을 빌려준 채권자의 지위와 이자를 받을 권리를 확보하게 된다. 즉, 채권은 채무증서이다.

채권 액면가는 보통 1만원인데 이는 만기가 되면 1만원을 받을 수 있다는 것이다. 그럼 투자자는 채권을 얼마에 매입하려 할까? 만기에 1만원을 받을 것이니 투자자는 이 보다 싸야지 매입하려 할 것이다. 예를 들어 1년만기 액면가 10,000원 채권을 9,000원에 매입했다면 채권가격은 9,000이고 이자는 1,000원이 된다. 그리고 채권금리는 이자1,000원÷액면가10,000원=10%가 된다.(채권금리는 여러 종류가 있지만 일반소비자에게 중요하지 않다.)

그리고 채권금리는 여러 요인에 의해 변동되는데 위의 예에서 채권금리가 변동되어 7%를 준다면 이자는 700원이 되고 만기에 받는 금액은 10,000원으로 동일하니 채권가격은 9,300원이 되며, 만약 13%를 준다면 이자는

1,300원이 되고 만기는 역시 10,000원이니 채권가격은 8,700원이 된다. 여기서 채권의 중요한 특징을 알 수 있는데 위 내용을 정리해 보면 금리가 10%에서 7%로 내려가니 채권가격이 9,000원에서 9,300원으로 올라갔고, 금리가 10%에서 13%로 올라가니 채권가격이 9,000원에서 8,700원으로 내려갔다. 이렇게 채권금리와 채권가격은 반대로 움직이게 되는데 이는 채권을 이해하는데 가장 기본이며 중요한 특징이다. 그리고 여기에 추가해서 알아야 할 것이 채권금리와 시중금리의 관계이다. 채권은 발행주체가 자금을 모으기 위해 발행한다 했는데 소비자 입장에서는 꼭 채권이 아니라 시중의 다른 금융상품을 매입할 수도 있다. 그런데 시중금리가 올랐다면 채권금리는 어떻게 될까? 소비자의 구매를 유도하려면 채권도 금리를 올려야 할 것이다. 따라서 채권금리와 시중금리는 동일하게 움직인다. 따라서 지금 내용을 정리해 보면 시중금리가 올라가면 채권금리도 올라가고 채권가격은 떨어지며, 반대로 시중금리가 내려가면 채권금리도 내려가고 채권가격은 상승한다.

이 특징을 실제 채권투자에 적용해 본다면 다음과 같이 생각해 볼 수 있다. 지금 시중금리가 올라간다면 채권을 싸게 살 수 있고, 지금 시중금리가 낮은 상태라면 채권을 비싸게 팔 수 있을 것이다. 참고로 지금은 채권금리와 시중금리만의 관계를 봤는데 만약 발행주체의 신용도를 기준으로 본다면 신용도가 높으면(안전하다면) 채권금리는 낮아지고, 신용도가 낮으면(불안하다면) 채권금리는 높아진다. 그리고 채권금리는 정치나 다른 요인에 의해서도 영향을 받기 때문에 채권투자 의사결정이 필요한 경우 넓은 시각으로 발행주체와 금융시장의 상태를 확인해 봐야 한다.

그리고 여기에 더해서 채권의 가격변동 특성을 이해하고 있으면 채권투자에 도움이 되는데 다음 그림을 보자. <그림 2-6>은 시간 경과에 따른 채권가격의 변화를 나타낸 것인데 여기서 주목해 볼 곳은 만기에 가까웠을 때 채권가격이다.

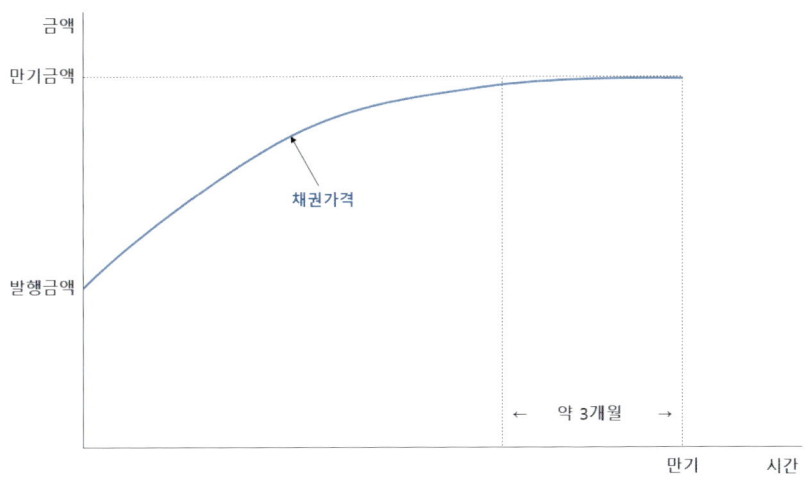

<그림 2-6> 시간 경과에 따른 채권가격 변화

채권가격은 발행 이후 가격 등락이 있기는 하지만 보통은 그림과 같이 상승을 하다가 만기가 약 3개월 정도 남았을 때는 거의 만기금액에 가까워지게 되고 그 이후 가격변동은 거의 없는 상태가 된다. 참고로 앞에서 본

MMF, CMA, MMT와 같은 단기 상품은 주로 만기가 얼마 남지 않은 채권에 투자하는 상품이기 때문에 안전하지만 금리가 낮은 특징이 있는 것이다. 어찌됐건 채권은 특별한 상황이 없다면 <그림 2-6>처럼 가격이 변동되기 때문에 채권에 투자하는 경우 만기까지 얼마 남은 채권인지 확인해 봐야 한다. 채권만기가 얼마 남지 않았다면 수익은 별로 없지만 안전성이 높은데 이유는 남은 시간동안 발행주체에게 파산 등 문제발생 가능성이 낮기 때문이다. 그리고 채권을 수익이 낮은 투자대상으로 인식하는 경우가 있는데 기대수익률 기준으로는 주식>채권>예금 정도로 말할 수 있겠지만 꼭 채권이 주식 보다 수익이 떨어진다 할 수 없다. 실제로 20년간 장기 투자 수익률을 찾아보면 주식보다 채권 수익률이 더 높았던 때를 얼마든지 찾아볼 수 있다. 더불어 발행주체가 파산했을 때 채권은 주식에 앞서 잔여재산을 분배 받을 권리도 있어 더 안전하다. 하지만 채권도 주식과 마찬가지로 원금손실 가능성이 있는 투자상품이라는 것은 변함없는 사실이다.

■ 신종자본증권

신종자본증권은 전환사채, 신주인수권부사채, 교환사채를 통틀어서 부르는 용어이며 역시 기업이 자금을 조달하기 위해 발행하는 채권이다. 그런데 각각의 단어에 사채(채권)라는 말이 보이는데 합쳐서 부르는 말에는 자본이라는 말이 보인다. 자본은 주식이 갖는 성격인데 언뜻 앞뒤가 맞지 않는 것 같다. 하지만 이 3가지 사채는 발행할 때는 채권으로 발행하지만 차후에 주식으로 변경이 된다는 특징을 갖고 있다. 즉, 채권에서 주식으로 변경이 가능하다는 것이며 각각 고유의 특징도 갖고 있다. 그리고 이 3가지 상품에 투자하는 펀드를 메자닌펀드라 하는데 시중에서 종종 거래되고 있으며 각각의 특성을 알아보도록 하겠다.

◆ 전환사채

A라는 회사가 자금을 조달하기 위해 전환사채를 발행하고 이를 소비자가 구입하면 소비자는 A회사에 대해 채권자의 지위를 획득하게 된다. 그런데 A회사가 전환사채를 A회사의 주식으로 전환하게 되면 소비자의 지위는 A회사의 채권자에서 주인으로 전환되어 주주의 권리를 획득하게 되고 A회사는 채권만기 금액을 지급할 필요가 없어지게 된다. 즉, 전환사채는 전환사채를 발행한 회사가 차후에 이를 본인 회사의 주식으로 전환할 수 있는 채권이며 전환된 이후 소비자에게는 채권자의 권리는 소멸하고 주주의 권리만 남게 되는 것이다.

◆ 신주인수권부사채

신주인수권부사채는 채권에 신주를 인수할 수 있는 권리가 붙어있는 채권이다. 예를 들어 A라는 회사가 신주인수권부사채를 발행하고 소비자가 이를 매입하면 일정시점에서 소비자는 신주인수권을 행사해서 A회사의 주식을 취득할 수 있다. 이 때 주식을 인수하기 위해서는 추가로 자금이 필요하게 된다. 그리고 신주인수권은 채권에 붙어있는 성격이기 때문에 행사했다 하더라도 채권은 그대로 남게 된다. 또한 신주인수권만 떼어내서 따로 매매도 가능하며 이를 구입한 사람은 역시 추가 자금을 납입하면 발행한 회사의 주식을 취득할 수 있다. 즉, 신주인수권부사채는 A회사의 주주와 채권자의 지위를 모두 획득할 수 있으며 주식매입을 위해서는 추가자금이 필요하다는 특징이 있다.

◆ 교환사채

A라는 회사는 B, C, D라는 여러 다른 회사 주식을 보유하고 있는 회사다. 이런 A회사가 교환사채를 발행하면 이 역시 차후에 주식으로 변경이 가능한데 전환사채와 다른 점은 채권을 발행한 A회사의 주식이 아닌 A회사가 보유하고 있는 B, C, D회사의 주식으로 교환 된다는 것이다. 즉, 교환사채는 채권을 발행한 회사의 주식으로 변경되는 것이 아니라 채권을 발행한 회사가 보유하고 있는 다른 회사의 주식으로 변경이 되는 것이며 소비자는 발행회사 채권자의 지위를 상실하고 다른 회사 주주의 지위를 획득하게 된다.

■ **ABS(자산유동화증권)**

ABS는 우리말로 자산유동화증권이라 한다. 단어가 내포하고 있는 의미는 유동성이 없는 자산에 유동성을 부여하는 증권이라는 것이다. 예를 들어 공장을 갖고 있는 기업에서 물건을 만들어 팔기 위해서는 원재료를 구입해야 하는데 원재료를 구입할 현금이 부족하고 마땅히 융통할 곳도 찾기가 어려운 실정이다. 그런데 이 공장에는 생산에 사용하는 10억원짜리 기계가 있다. 이럴 때 기업은 이 기계를 기초자산으로 해서 ABS를 발행하고 소비자가 이를 구입하면 기업은 현금을 확보하게 되어 원재료 구입 등 공장을 운영하는데 쓸 수 있다. 이렇게 ABS는 평소 유동성이 없는 자산에 유동성을 부여하기 위해 발행하는 것이며 적지 않은 기업이 활용하고 있다. 펀드를 보다 보면 펀드에 주식, 채권 뿐 아니라 ABS를 편입하고 있는 경우도 적잖이 찾아볼 수 있다.

■ **정크본드**

정크본드는 신용도가 낮은 발행주체가 발행한 투자부적격 채권을 말한다. 채권은 등급을 매겨 투자적격 여부를 판단하는데 신용평가사 마다 차이는 있지만 AAA>AA>A>BBB>BB>B>CCC… 순서이고 BB부터 투자부적격 정크본드이다. 상품명으로 보면 하이일드채권, 고수익채권 등등 다른 용어로 불리기도 한다. 신용도가 낮은 채권은 채권금리가 높고 채권가격은 싸다. 즉, 기대수익률이 좋을 수 있지만 (파산)위험도 높아서 투자부적격으로 분류되고 있는 것이며 재무설계에서는 고려하지 않는 상품이다.

■ 파생상품(선물,옵션)

증권회사에는 선물과 옵션이라는 파생상품이 있다. 파생상품은 이 밖에도 다양한 형태가 있지만 선물과 옵션이 대표적이다.

먼저 결론부터 얘기하자면 소비자가 직접 파생상품을 거래하는 내용의 재무설계는 추천하지 않는다. 하지만 소비자가 직접 투자하는 것이 아니고 공신력 있는 회사의 전문가에 의해 투자위험을 관리하기 위한 수단으로 사용되는 경우는 재무설계에 포함하는 것이 가능할 것이다. 왜냐하면 파생상품을 직접 거래하는 것은 투자원금을 넘어서 추가적인 대량의 손실을 낳을 수 있기 때문에 안정된 개인의 미래를 설계하는 재무설계에 맞지 않지만, 파생상품은 투자위험을 관리하는 용도로 사용될 수도 있기 때문이다. 즉, 재무설계 측면에서는 소비자는 선물과 옵션이 어떤 상품인지 개념 정도만 알고 나머지는 공신력 있는 투자회사에서 근무하고 있는 전문가에 의해 투자위험 관리수단으로 사용되는 경우 제한적으로 거래할 수 있다. 그럼 선물과 옵션의 개념을 알아보자.

먼저 선물은 3개월 뒤의 가격을 미리 예측해서 지금 거래하는 것이다. 예를 들어 원유 가격이 3개월 뒤에 배럴 당 70달러가 될 것으로 예상되는데 현재 선물가격은 50달러이다. 그리고 3개월 뒤에 실제로 70달러가 되었다면 투자자는 배럴당 20달러의 수익을 얻게 된다. 여기서 실제로 원유를 받을 수도 있지만 원유 운송비나 저장시설 준비 등등의 이유로 실물을 인수하지 않고 청산비용을 지불하고 금융거래로 종결하게 된다. 하지만 예상과 달리 3개월 뒤 가격이 30달러가 되었다면 어떻게 될까? 현재 사기로 한 가격인 50달러 보다 낮은 가격이 된 것이다. 이 경우도 현물을 인수하지 않고 금융거래로 종결하게 되는데 50달러에 사기로 했으니 배럴 당 20달러 손해를 보며 팔아야 한다. 투자자가 중도에 관리할 수 있는 것은 아무것도 없다. 물론 시장을 예측해서 투자하겠지만 3개월이면 많은 변수가 생길 수 있는 기간이기 때문에 운에 맡기고 투자하는 것과 별반 차이가 없다 할 수도 있다.

옵션은 말 그대로 사고 파는 것을 선택할 수 있는 조건이 붙어있는 상품이다. 예를 들어 현재 주당 10만원인 주식을 특정시점에 7만원으로 살 수 있는 조건을 1만원에 판매하는 형태이다. 그런데 거래 시점 주가가 11만원이라 한다면 1만원을 투자해서 11만원 주식을 7만원에 살 수 있으니 4만원의 차익이 생기고 옵션 매입가격 1만원을 빼면 3만원의 순수입이 생기게 된다. 즉, 1만원으로 3만원을 벌어들인 것이 된다. 하지만 특정시점의 주가가 5만원으로 떨어져 있다면 어떻게 될까? 일단 7만원에 사겠다는 옵션이 있었기 때문에 옵션 매입가격 1만원(투자원금)과 5만원짜리 주식을 7만원에 사면서 2만원의 손실(추가적인 손실)이 생기게 된다. 즉, 투자원금 1만원과 추가적인 손실 2만원을 합쳐 총 3만원의 손실이 발생한 것이다. 해외 금융사고 사례에서 모 금융기관의 직원이 회사 몰래 회사의 자금으로 옵션거래를 하다 금융기관이 파산하게 되는 일이 있었는데 그 만큼 옵션의 위험은 측정이 불가능한 거대한 위험을 내포하고 있다.

투자를 한다는 것은 향후 투자대상의 가격이 올라갈 것을 예상하며 하게 된다. 하지만 예상대로 되지 않으면 손해를 보게 되는데 이 때 파생상품은 가격이 떨어질 것을 예상하는 쪽으로 거래를 해 놓게 되면 가격이 떨어지더라도 파생상품의 수익으로 손실을 만회하는 형태로 위험을 관리할 수 있다. 이것이 파생상품을 이용한 위험관리 개념인데 앞서 말한 전문가에 의해 운영돼야 한다.

5.9 펀드(집합투자기구)

펀드의 공식명칭은 집합투자기구이다. 하지만 펀드라는 용어가 더 익숙하기도 하고 아직 많이 쓰고 있어서 본 책에서는 펀드로 사용할 것인데 집합투자기구는 펀드의 속성을 잘 표현한 용어라 할 수 있다.

펀드는 모아서 투자하는 상품이다. 유가증권(주식,채권 등등) 및 투자상품을 여러가지 모아 놓고 여러 사람이 돈을 모아서 투자하는 상품이다. 그럼 왜 이렇게 여러 상품을 묶어 놓고 여러 사람의 돈을 모아서 투자하는 상품을 만든 것일까? 그 중 여러 상품을 묶어 놓은 이유는 앞에서 봤던 포트폴리오(분산투자)를 하기 위함이다. 포트폴리오는 위험을 줄이고 안정적인 수익을 얻기 위한 것인데 펀드형태가 아닌 개인이 개별적으로 개별 상품에 집중투자하게 되면 특정한 위험에 과도하게 노출될 수 있지만 여러 상품에 잘 분산된 펀드에 투자하는 경우 위험을 줄일 수 있다. 그리고 여러 사람이 돈을 모아서 투자하는 이유는 일반투자자는 대부분 소액투자이고 투자자의 전문성에 한계가 있기 때문에 성공적인 투자결과를 얻기가 힘들 수 있다. 하지만 펀드는 여러 사람이 함께 큰 규모의 자금을 모으게 되며 펀드매니저라는 전문가가 소비자를 대신해서 자산을 운용하기 때문에 수익관리 및 위험관리에서 더 전문적이며, 투자자금이 일정규모 이상이 되는 경우 개인은 누릴 수 없는 시장지배력(규모의 경제 및 유동성 효과) 효과로 더 좋은 투자수익률도 기대해 볼 수 있기 때문이다.

하지만 앞서 포트폴리오 해설 부분에서도 언급했듯이 분산투자는 집중투자보다 위험을 낮추기는 하지만 기대수익률도 낮다는 것을 명심해야 할 것이며 펀드수익률과 특정 주식의 수익률을 직접 비교해서 유불리를 따지는 것은 피해야 할 것이다. 이는 서로 다른 목표를 갖고 다른 방식으로 운영하는 상품이기 때문에 직접 비교하는 것이 적절하지 않다는 것이지 어느 것이 무조건 수익률이 떨어지기 때문에 그렇다는 것은 아니다. 그럼 이어서 펀드의 종류에 대해 알아보도록 하겠다.

■ 펀드의 종류

펀드의 종류를 알아보기 전에 주의사항 먼저 안내하도록 하겠다. 펀드의 종류를 얘기하면서 다른 부분 보다는 필자의 개인 의견이 많이 들어가 있을 수 있다. 이는 필자 개인의 투자성향이 반영된 결과라는 것을 인정하지 않을 수 없다. 하지만 필자가 얘기하는 것의 많은 부분은 전세계 투자시장 역사에서 위대한 투자자로 인정받는 여러 전문투자자가 바람직한 투자방법이라고 공통적으로 말하는 것과 크게 다르지 않다는 것을 밝혀두고자 한다.

◆ 주식형, 채권형, 혼합형 펀드

펀드종류에서 먼저 알고 있어야 하는 것은 주식형펀드, 채권형펀드, 혼합형펀드의 구분이다. 먼저 주식형펀드는 펀드에 묶여 있는 상품 중 주식의 비율이 60%이상인 펀드를 말한다. 채권형펀드는 펀드에 묶여 있는 상품이 채권과 현금성 상품이 주류인데 채권의 편입비율에 제한은 없지만 주식은 1주도 포함되어서는 안된다. 그리고 혼합형펀드는 주식형 및 채권형에 속하지 않는 펀드가 혼합형펀드이다.

◆ 액티브 펀드

액티브펀드는 주식형펀드다. 액티브(Active)라는 이름에서 알 수 있듯이 펀드운용 목적을 높은 수익을 내는 것에 맞춰서 거래를 활발하게 하는데 그만큼 위험도 감수해야 하는 펀드다. 즉, 하이리스크 하이리턴 이라는 예기다. 투자에서는 위험을 변동성으로 말하는데 수학용어로 표현하자면 표준편차다. 즉, 대상의 수익률이 평균수익률에서 얼만큼 떨어져 있는지를 측정하는 것이 표준편차인 만큼 액티브펀드는 가격의 등락이 평균에서 심하게 차이 나게 되는데 이는 투자자의 심리 상태도 같이 불안해 질 수 있음을 의미한다. 액티브펀드에 투자계획이 있는 투자자는 사전에 이런 상황을 예상하고 투자해야 할 것이다.

◆ 인덱스펀드

인덱스펀드는 추종하는 대상을 지정(벤치마크)하고 그 대상의 수익률과 동일한 수익을 내도록 운영되는 펀드이다. 가격이 오를 때 뿐 아니라 내릴 때도 마찬가지다. 그리고 추종하는 대상 보다 약간 더 수익률이 좋으면 잘 운용한 것으로 인정받는다. 그리고 인덱스펀드는 벤치마크 하는 대상(시장)의 흐름을 추종하도록 설계된 펀드이다 보니 펀드에 편입되는 종목도 그 시장에 넓게 퍼져 있도록 하는 것이 원칙이다. 이를 우리나라 주식시장에 적용한다면 여기서 말하는 시장은 일반적으로 KOSPI(코스피)시장을 얘기하는 것이고 추종한다는 것은 KOSPI시장의 수익률과 동일한 수익률을 얻는 것을 목표로 운용한다는 얘기다. 참고로 KOSPI시장은 규모가 큰 기업의 주식이 거래되는 시장을 말하며, 상대적으로 규모가 작은 기업의 주식이 거래되는 시장은 KOSDAQ(코스닥)시장이다.

주식시장에서는 KOSPI지수를 발표하는데 이는 KOSPI에 상장된 모든 기업의 주가를 반영해서 지수화한 것이다. 그리고 이중 특히 KOSPI200이라 해서 별도의 지수를 발표하고 있는데 단순히 시가총액 기준으로 1등에서 200등이 아닌 업종(화학,전자,자동차 등등)을 대표하는 기업 200개를 선별해서 이 200개 기업들로 지수를 산출한 것이다. 그리고 이 KOSPI200은 KOSPI시장 전체의 변동을 잘 대변하고 있기 때문에 KOSPI를 추종하는 인덱스펀드는 이 KOSPI200을 추종하도록 설계하는 것이 대부분이다.

그런데 인덱스펀드 출시 초기에는 대부분 KOSPI200을 추종하는 것으로 설계되었으나 그 이후 특정 업종이나 특정 분야를 추종하는 인덱스펀드들도 개발되었다. 예를 들어 화학산업을 추종하는 인덱스펀드, 배터리산업을 추종하는 인덱스펀드 등등이 그런 예이다. 여기서 필자의 생각을 얘기하자면 후자처럼 특정분야를 추종하는 인덱스펀드는 추천하고 싶지 않다. 왜냐하면 펀드라는 것 자체가 분산투자를 목적으로 만들어진 상품이고 인덱스펀드는 그 중에서도 더 넓게 분산투자 하도록 만들어진 펀드인데 이런 성격을 제대로 살리지 않는 형태로 생각되기 때문이다.

다음은 인덱스펀드의 특징이자 장점이라 할 수 있는 내용이다.

- 인덱스펀드는 주식형펀드 중 상대적으로 비용이 저렴하다.
  비용이 저렴하다는 것은 수익률에 긍정적이다.
- 넓게 분산되어 안정적인 수익을 기대할 수 있다.
- 추종대상이 명확하기 때문에 중도에 관리자(펀드매니저)가 변경되더라도 최초의 목표를 지켜가며 장기투자 할 수 있다.

◆ **ETF(상장지수펀드)**

인덱스펀드 보다 좀 더 진보했다고 할 만한 펀드가 있는데 필자 기억으로는 지금부터 10년을 훌쩍 넘었던 과거 어느 언론의 기사였고 미국에서 ETF의 인기가 급상승하고 있다는 내용이었다. 그런데 이 ETF는 지금도 계속 인기를 누리고 있는 펀드이며 국내에서도 이미 상당기간 인기를 누리고 있는 펀드이다.

필자는 앞서 투자시장에서 군중심리에 편승해서 투자하는 것을 경계하라 했는데 지금 ETF가 여러 사람들에게 인기있다고 말하는 것은 군중심리를 자극하는 것이 아닌 다른 차원의 말이다. ETF는 갑자기 생겼다 사라지는 상품이 아니라 중간위험과 중간수익을 목표로 장기투자 하는 투자자에게 적합한 상품이기 때문에 평생을 설계하는 재무설계에 적합한 펀드라 할 수 있다.

ETF는 우리말로 상장지수펀드라 하며 인덱스 보다 더 인덱스 다운 펀드로 평가되고 있다. 그 핵심적인 특징을 보자면 상품명에도 나왔듯이 펀드가 상장되어 운용된다는 것이다. 일반 펀드는 시장이 마감된 이후 그 결과를 기준으로 그날의 펀드가격(펀드기준가)을 산정하는데 ETF는 펀드자체가 상장되어 있어 장 중에도 펀드기준가가 계속 변하게 되고 거래도 되는데 이렇게 되면 벤치마크 대상을 추종하는 것이 더 수월해지기 때문에 인덱스 보다 더 인덱스 다운 펀드로 불리고 있는 것이다.

하지만 주의해야 할 ETF도 있다. 첫째 레버리지ETF다. 레버리지는 앞에서 신용 즉, 빚을 내서 투자하는 것을 의미한다. 이런 형태의 투자는 ETF 본연의 목적과 어울리지 않을 뿐더러 재무설계에서는 피해야 할 투자라 할 수 있다. 둘째 인버스ETF가 있다. 인버스는 반대라는 의미로 해석하면 된다. 일반적으로는 추종대상의 수익이 오르면 ETF도 오르고, 떨어지면 ETF도 떨어지는 것이 보통인데 인버스ETF는 추종대상과 반대로 움직이게 설계했다는 것을 의미한다. 펀드는 그 자체에 서로 상반되는 성격의 증권들이 포함되어 있다. 이것으로 충분하다. 인버스는 파생상품 형태의 상품이며 재무설계에 적합한 형태는 아니다. 셋째 특정산업만을 추종대상으로 하는 ETF다. 예를 들어 화학ETF라고 하면 ○○화학, △△화학, ◇◇화학 등 여러 화학회사만을 펀드에 편입해서 운용되는 펀드라는 것인데 재무설계에 적합한 ETF는 특정산업이 아닌 전체 산업에 넓게 퍼져 장기간 투자하는 형태가 좋다. 이렇게 해서 인덱스펀드와 ETF(상장지수펀드)에 대해 알아봤는데 시장 전체에 잘 분산되어 있으며, 중간 위험과 중간 수익을 목표로 장기투자 하는 이런 펀드는 재무설계와 잘 어울리는 금융상품이라 하겠다.

◆ TDF

TDF는 Target Date Fund의 첫 글자를 딴 펀드인데 어떤 날짜를 목표로 정해 놓은 펀드라는 것이다. 그리고 여기서 정한 목표 날짜는 은퇴시점을 말하는 것인데, 이 펀드의 개념을 간략히 정리하자면 젊을 때는 주식 편입비율을 높게 해서 수익을 추구하고, 은퇴시점이 되면 채권 편입비율을 높여 안정적인 수익을 추구하는 형태로 변하도록 설계된 펀드이다. 이 때 주식과 채권의 편입비율을 소비자가 정하는 것이 아니라 펀드에 미리 정해 놓은 규칙에 따라 펀드매니저가 운용하게 된다.

이런 형태로 펀드를 운용하는 것이 어찌 보면 합리적이고 당연하게 생각되는데 소비자가 스스로 때에 맞춰 편입된 펀드를 변경하려면 만만한 일이 아닐 수 있기에 아예 펀드매니저에 의해 자동으로 변경해주는 이런 형태의 상품을 출시한 것이다. 노후자금을 준비하는데 있어 적절한 형태라 할 수 있겠다.

◆ **리츠(REIT's)**

리츠는 부동산펀드이다. 일반적으로 부동산에 투자하려면 큰 목돈이 필요하고 자금이 부족하면 대출까지 고려해야 한다. 하지만 리츠를 활용하면 소액으로도 부동산에 투자한 효과를 얻을 수 있다. 투자자들이 펀드에 납입하는 금액으로 부동산을 매입, 관리, 처분하면서 발생하는 수익을 투자자에게 나누는 형태의 펀드이다.

■ **펀드 일반사항**

여기에서는 펀드에서 사용하는 용어 및 펀드 관련 서류를 읽을 때 필요한 일반적인 사항에 대해 서술해 보겠다.

● 펀드기준가 : 주식으로 보면 주가와 같은 개념이다. 펀드는 최초 개설할 때 펀드기준가를 1,000.00으로 한다. 표시는 소수점 2자리까지 한다. 그리고 매일 시장이 마감되면 펀드 기준가를 계산해서 그 다음날 시장이 열리면 발표한다.

● 좌수 : 주식으로 보면 주식수와 같은 개념이다. 예를 들어 10만원이 있을 때 1주당 5만원인 주식은 2주를 살 수 있다. 펀드의 경우는 10만원으로 펀드기준가 2,000.00인 펀드는 몇 좌수를 살 수 있을까? 주식의 경우는 10만원÷5만원(1주당 가격)=2주 이렇게 계산이 된 것이고 펀드

도 마찬가지로 투자금액÷기준가격을 하면 되는데 펀드는 최초 개설할 때 기준가가 1,000.00이라 했기 때문에 10만원÷2,000.00(1좌당 가격) X1,000 = 5만좌수와 같이 계산 마지막에 1,000을 곱해주면 된다.

- 수익증권, 뮤추얼펀드 : 수익증권은 투자신탁, 뮤추얼펀드는 투자회사(페이퍼컴퍼니)라 부르기도 한다. 두 가지 모두 펀드지만 성격이 좀 다르다. 소비자가 구분하고 있을 필요까지는 없지만 투자설명서를 보다 보면 종종 접하게 되는 용어이다.
- 수익률 : 누적수익률은 펀드가 최초로 개설됐을 때부터 지금까지 펀드 기준가를 기준으로 계산한 수익률이며, 연환산수익률은 누적수익률을 1년 단위로 환산한(연수로 나눈) 수익률을 말한다.

■ 펀드(일반 펀드/변액보험) 투자기법

펀드에는 수익률(위험)을 관리하기 위한 여러 기법이 활용되는데 그 중 가장 기본적이면서도 정도에 맞는 방법에 대해 지금부터 살펴보겠다. 이 기법들은 소비자가 직접 활용하기에 어려움이 있을 수 있으나 개념을 알고 있으면 금융회사 직원과 소통할 때 도움이 될 것이다. 그리고 보험회사의 변액보험도 보험료의 일부가 펀드로 운용되기 때문에 여기에서 설명하는 펀드관리 기법은 변액보험에도 적용된다.

◆ **DCA(Dollar Cost Averaging) 기법**

DCA는 우리말로 평균분할투자라고 하며 적립식 펀드의 인기가 급상승하던 때 많이 언급되던 펀드운용 기법이다. 적립식 펀드는 펀드에 한번만 목돈을 넣는 것이 아니라 적금처럼 매월 또는 일정 주기로 돈을 계속 납부하는 것을 말한다. 그리고 세부 내용을 얘기하기 전에 일단 결론부터 얘기하자면 DCA는 높은 수익이 아닌 안전한 수익을 목표로 하는 투자기법이다.

펀드는 주식과 마찬가지로 매일 가격이 올랐다 내렸다를 반복한다. 그러면 언제 펀드에 가입하는 것이 유리할까? 일단 투자상품은 싸게 사서 비싸게 팔면 이익이 생긴다. 문제는 오늘이 쌀지 내일이 쌀지 알 수 없다는 것이다. 따라서 DCA 기법은 가격이 싼 시점을 알 수 없음을 인정하고 투자할 돈을 n등분해서 일정기간 동안 기계적으로 분할납부 하는 기법이다.

예를 들어 총 90만원을 투자한다면 90만원을 한번에 투자하는 것이 아니라 10만원씩 나눠 매월 한번씩 또는 동일한 간격으로 9번에 걸쳐 투자하는 것이다. 이렇게 하면 어느 때는 싸게 어느 때는 비싸게 펀드를 사게 될 것인데 전체적으로 보면 평균적인 위험을 부담하면서 안전한 수익을 받을 가능성을 높일 수 있다는 것이다. 그런데 만약 일시에 90만원을 납부했다면 어떻게 될까? 이렇게 하면 오르거나 내리거나 둘 중 하나인 결과를 한번만 갖게 될 것이다. DCA처럼 여러 번 나눠 납부를 하게 되면 오르거나 내리거나 하는 기회도 나눠 낸 횟수 만큼 여러 번 갖게 되는 것과는 다르게 말이다.

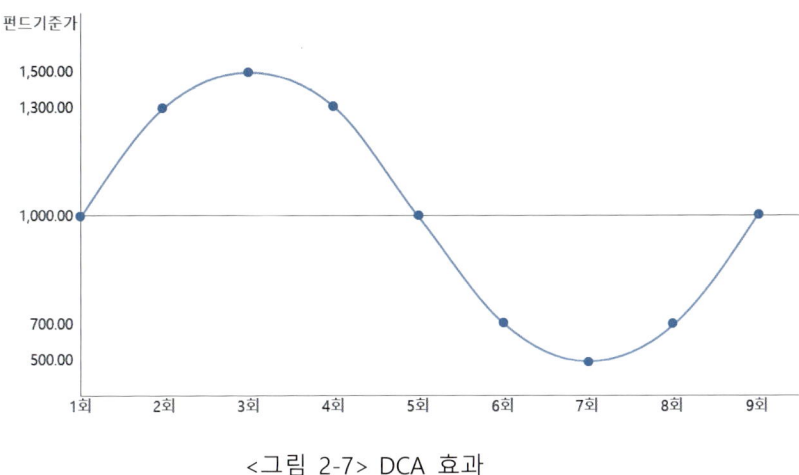
<그림 2-7> DCA 효과

지금 한 얘기를 <그림 2-7>로 확인해 보자. 그림을 보면 기준가는 1회 때 1,000.00으로 시작해서 마직막 9회 때 1,000.00으로 끝났다. 가격 변동을 보면 그 동안 오르고 내리고 해서 원래가격으로 돌아온 것이다. 이 펀드에 1회 때 90만원을 한번만 납입했다면 9회때 찾을 수 있는 금액도 90만원이 된다. 기준가가 동일하기 때문이다. 하지만 매회마다 10만원씩 9번을 납입하는 DCA기법을 활용하면 계산해 보니 약 1,006,227원을 찾을 수 있다. 한번에 목돈을 납입한 경우와 DCA를 비교해 보니 DCA가 약 106,227원 더 수익이 생겼다. 심지어 기준가는 원래대로 돌아왔는데도 말이다.

그러면 DCA를 활용하면 목돈을 한번에 넣는 것 보다 언제나 더 이익이 생기는 것일까? 그렇지 않다. 좀 전에 본 그림은 가격변동이 오르고 내리고를 반복하며 전반적으로 옆으로 평행하게 진행했는데 이런 것을 주식시장에서는 횡보장이라 한다. 그리고 가격이 전반적으로 오르는 것을 상승장, 전반적으로 내리는 것을 하락장이라 한다. DCA는 횡보장과 하락장에서 유리하고, 일시에 목돈을 넣는 거치식은 상승장에서 유리하다.

독자에게 하나 물어 보겠다. 앞으로 시장은 상승, 횡보, 하락 중 어느 것으로 예측하고 있는가? 선뜻 답하기 어려운 질문이다. DCA는 앞으로 시장이 어떻게 움직일지 모른다는 것을 인정하고 투자하는 것이며 상승장이 올 때는 거치식 보다 수익성이 떨어지기는 하더라도 수익을 낼 수 있고, 횡보장이나 하락장에서는 거치식 보다 수익하락을 방어(손실을 줄일 수 있다는 것이지 꼭 수익이 난다는 것은 아님)할 수 있기 때문에 DCA방식으로 투자하게 되면 투자의 안전성을 높일 수 있다.

DCA기법을 실제 상품에 활용하는 방법은 매월 일정금액을 납입하는 적립식 상품에 가입하거나 여유자금이 생겨서 펀드에 목돈을 추가로 입금할 때 한번이 아닌 여러 번으로 나눠서 입금하는 방식으로 하면 된다. 그리고 변액보험의 경우 목돈을 한번에 넣을 때 상품에 DCA 기능이 탑재되어 있는 경우도 있으니 필요할 때 활용하면 된다.

◆ **리밸런싱(Rebalancing) 기법**

리밸런싱이란 다시 균형을 맞춘다는 의미이다. 예를 들어 10만원을 펀드에 투자하는데 3가지 펀드에 3만원, 3만원, 4만원 이렇게 분할해서 투자했다

하자. 투자 이후 각각의 펀드는 수익이 날 수도 있고 손실이 날 수도 있다. 그러다 어느 시점에서 각 펀드의 평가금액이 차지하는 비중을 살펴봤다. 편의상 A, B, C 펀드라 하면 처음은 A:B:C=3:3:4였는데 투자하고 운영한 결과 평가금액의 비율이 A:B:C=3:2:5 라고 하면 이 비율을 조정해서 다시 처음 설정했던 비율 A:B:C=3:3:4로 맞추는 것이 리밸런싱이다. 다시 균형을 맞춘 것이다. 이를 그림으로 표현하면 <그림 2-8>과 같다.

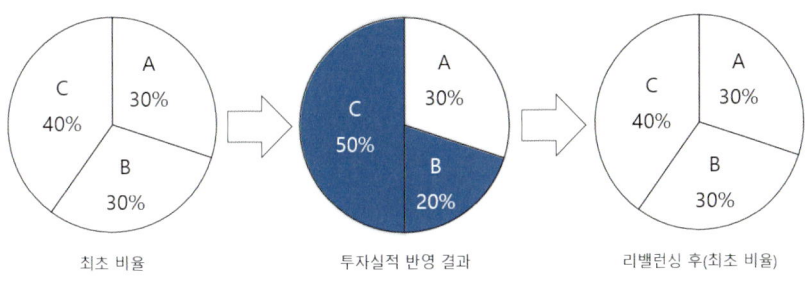

<그림 2-8> 펀드 리밸런싱

여기서 핵심은 투자실적이 반영된 중간의 파이 그림을 마지막 파이 그림으로 만드는 것에 있다. 이 작업이 리밸런싱인데 이렇게 하기 위해서는 A펀드는 변경된 것이 없으니 그대로 두면 되고, B펀드는 비중이 10% 줄어 들었으니 10%만큼 추가 매수하면 최초의 비중인 30%가 될 것이고, C펀드는 10%가 늘었으니 10%만큼 매도하면 최초 비중인 40%가 될 것이다. 즉, C펀드 10%를 매도해서 B펀드 10%를 매수하면 최초의 비율대로 리밸런싱 하

게 된다.

이 작업이 의미하는 것은 무엇일까? C펀드는 운영 결과 비중이 증가한 펀드다. 세가지 펀드 중에 상대적인 실적이 가장 좋은 펀드라는 얘기다. B펀드는 비중이 줄어든 펀드이니 세가지 펀드 중에 상대적인 실적이 가장 떨어지는 펀드다. 그런데 C펀드 10%를 팔아서 B펀드를 사는 밸런스 조절을 하게 되면 비싸진 것을 팔아서 싸진 것을 사는 작업을 한 것이다. 즉, 투자 실적을 내는 기본인 비쌀 때 팔고 쌀 때 사는 것을 한 것이다.

정리하자면 리밸런싱은 여러 종류의 펀드를 운용하면서 일정 시기가 되면 최초의 비중대로 각 펀드의 비중을 조절하면서 그 시점에 발생된 수익을 확정시키는 작업을 하는 것이다. 단, 주의해야 할 것은 전체의 비중을 조정하는 것이지, 펀드 전체의 성과가 좋고 나쁘고 와는 관계없이 하는 것이다. 참고로 일반 펀드를 거래하는 경우는 투자자 본인이 직접 이런 작업을 해야 하고, 변액보험의 경우는 6개월, 1년 등 기간만 정해 놓으면 자동으로 그 시점에 리밸런싱을 하게 된다.

◆ **펀드변경**

펀드에 투자하다 보면 시장환경이 변하면서 내가 선택했던 펀드는 수익이 떨어지고 선택하지 않은 다른 펀드는 좋아지는 것을 경험하게 된다. 그렇기 때문에 한 종류의 펀드만 투자하기 보다는 금액을 나눠 여러 종류의 펀드에 투자하는 것이 더 바람직하다 할 수 있다. 그러나 이렇게 한다 해도 시중의 모든 펀드를 다 편입할 수는 없기 때문에 중간에 가입한 펀드의 변화가 필요할 수 있고 이 때 쓸 수 있는 방법이 펀드변경이다.

펀드변경은 없던 펀드를 새로 편입하거나 있는 펀드를 삭제하는 것은 물론이고 편입하고 있는 펀드의 비중을 조정하는 것도 포함한다. 그리고 위에서 얘기한 리밸런싱과 다른 점은 리밸런싱은 기간을 정해 놓고 그 시점에 최초의 비중으로 다시 원상복구 하는 것이고 펀드변경은 새로운 비중을 구성하고 새로운 펀드 편입도 고려하는 작업이라는 것에서 구분된다. 그렇기 때문에 펀드변경은 좀 더 투자자의 주관적인 의사가 반영된 적극적인 투자활동이며 DCA나 리밸런싱 보다 투자위험도가 상승하게 된다. 따라서 펀드변경은 꼭 필요한 경우에 전문가의 도움을 받아 제한적으로 실시할 필요성이 있는 기법이다.

5.10 시장지표

투자시장은 투자대상의 미래가격을 예측해서 지금 돈을 걸어보는 시장이다. 그렇기 때문에 앞으로 발생이 예상되는 호재 또는 악재가 미리 가격에 반영되는 특징이 있으며 이를 다른 투자자 보다 정확하게 파악하고 좀 더 빨리 투자하게 된다면 더 많은 수익을 얻을 수 있다. 그러나 예측은 실제와 다를 가능성이 상존하고 있다. 이런 위험을 줄이기 위해 할 수 있는 첫번째 방법이 시장지표를 확인하는 것이다.

시장지표는 투자시장의 과거와 현재를 확인하고 미래를 예측해 볼 수 있는 각종 정보를 숫자로 표시해 주고 있으며 이성적인 투자결정을 하는데 도움이 된다. 그럼 지금부터 시장지표에 대해 알아보도록 하겠다.

■ 금리

중앙은행이 발표하는 기준금리는 시장지표 중 가장 먼저 확인해야 할 지표다. 그리고 금리는 이미 기술한 바와 같이 금리를 인상하면 시중에 유동성이 줄어들게 되고, 경기는 침체하게 되며, 정부는 이런 상황을 타개하고자 적절한 시기에 금리인하를 고려하게 된다. 그리고 금리를 인하하면 시중에 유동성이 증가하여 경기가 살아나게 되는데 이런 상황이 한계를 넘게 되면 인플레이션(물가상승)이 발생하게 되고 그러면 정부는 다시 금리를 인상해서 이런 국면을 진정시키게 된다. 이런 금리의 변화는 모든 경제주체에 크거나 작게 영향을 미치게 되는데 그 관계를 잘 알고 있다면 금리가 변하거나 변화가 예상될 때 향후 시장의 변화를 예측하고 이에 대한 적절한 대응책을 마련하는데 도움이 될 것이다.

금리와 주식, 채권의 관계를 보자면 금리인상이 예상될 때는 향후 경기침체를 예상해 볼 수 있고 이는 주식가격 하락으로 이어질 수 있기 때문에 주식은 비중 축소, 채권은 이자상승으로 비중 확대를 생각해 볼 수 있다.

반대로 금리가 인하되면 유동성 확대로 인한 주식시장 호황이 예상되므로 주식은 비중 확대, 채권은 이자하락에 따른 채권가격 상승으로 채권매도를 생각해 볼 수 있다.

금리와 환율, 금, 유가의 관계도 살펴보자. 금리가 인상되면 그 나라의 화폐에 대한 인기가 올라가기 때문에 그 나라 돈의 가치가 상승하게 되고 환율은 하락하게 된다.(환율에 대한 것은 바로 뒤에서 다룸) 다음으로 금에 대해 얘기해 보자. 금은 전세계에서 공통으로 통하는 화폐다. 그리고 금과 거의 유사하게 전세계의 공통화폐라 할 수 있는 미국의 달러(기축통화)도 있다. 그런데 미국이 금리를 올리게 되면 달러에 대한 인기가 높아지기 때문에 일반적으로 금의 상대적 가치는 하락하게 된다. 다음은 유가에 대해 얘기해 보자. 금리가 올라가면 경기는 침체하게 된다 했고 그러면 산업전반에서 석유를 사용하는 양도 줄어들게 된다. 따라서 산유국들은 원유사용을 독려하기 위해 유가를 떨어뜨리거나 공급량을 줄여 가격하락을 방어하게 된다. 그리고 금리가 하락하는 경우는 위에서 얘기한 것과 반대되는 현상이 발생하게 될 것이다.

이와 같이 금리 변화는 여러 경제지표를 변하게 만드는 선행지표인데 위에서 얘기한 변화는 원칙적으로 그런 것이다. 실제로는 정치적 요소나 기타 다른 요소(전쟁, 종교갈등, 자연재해 등등)도 복합적으로 나타나기 때문에 금리변화 예측은 다른 요소도 같이 고려해야 한다. 그리고 위에서 얘기한 시장예측은 단기적 결과 보다는 장기적 결과에 더 부합한다.

■ 환율

환율은 국가 간 서로 다른 화폐를 교환하는 기준이며 수시로 변동한다. 그리고 환율을 이해하는 것은 현재와 같은 글로벌 경제체제에서 필수이며 경제주체 모두에게 큰 영향을 미치는 중요한 시장지표다.

환율에 대해 알려면 먼저 전세계 공통 화폐라 할 수 있는 금과 기축통화에 대해 알아야 한다. 각 나라는 각기 자기 나라의 화폐를 사용하고 있다. 우리나라는 원, 미국은 달러, 중국은 위안, 유럽은 유로, 일본은 엔 등이다. 그런데 글로벌 무역을 하다 보면 대금 결재를 해야 하는데 내 나라 돈이 다른 나라에서도 돈으로 인정받는다는 장담은 할 수 없다. 예를 들어 돈을 발행한 나라가 사라진다든가 기타 다른 이유로 돈의 가치가 하락하게 됐을 때 그 나라 돈을 갖고 있는 나라는 휴지를 갖고 있는 것이 될 수도 있다. 그런데 금으로 결재한다면 문제가 없다. 금은 모든 나라에서 화폐와 동일하게 취급되기 때문이다. 그런데 금은 거래할 때 사용하기에 무거운데다 분실의 위험 등 불편한 점이 많다. 그래서 세계는 2차 세계대전 이후 금에 버금가는 화폐를 기축통화라 하여 이를 기준으로 각 나라의 화폐를 교환하여 사용할 수 있게 하고 있다. 이 기축통화의 대표가 미국의 달러인데 환율은 본인 나라의 화폐와 기축통화 또는 상대국의 화폐와 교환하는 기준을 말하는 것이고 이렇게 함으로써 글로벌 무역은 더 원활하게 발전해 나갈 수 있는 기반을 다지게 되었다.

환율은 매 순간마다 바뀌고 있다. 바뀌는 근본원인은 그 나라 화폐의 가치가 오르기도 하고 내리기도 하기 때문이다. 한 나라의 화폐가치가 올랐다는 것은 그 나라 화폐의 인기(신용도)가 올라서 그 나라 화폐를 갖고 싶어 하는 사람이 많아진 것으로 생각할 수 있다. 예를 들어 우리나라 기준금리가 올라가면 우리나라 돈에 이자를 많이 준다는 것이니까 우리나라 화폐의 가치가 올라가게 되는 식이다.

여기서 많이 헷갈려 하는 개념을 얘기하자면 지금처럼 화폐의 가치가 올라가는 것을 평가절상이라 하는데 평가절상은 환율하락과 같은 말이다. 절상이라는 말과 하락이라는 말이 같은 의미라니 선뜻 다가오지 않는 개념이다. 다음 예를 보자. 특정상품을 선전하는 것은 아닌데 맥도날드 햄버거를 알 것이다. 그리고 맥도날드는 전세계에 매장을 갖고 있고 원재료는 모두 본사에서 똑같이 전세계에 공급하며 운송비나 기타 다른 비용은 없다고 가정해 보자. 그러면 전세계 매장은 모두 같은 원재료를 사용하니 같은 가격에 팔고 있는 것인데 미국의 소비자는 달러로 결재할 것이고 우리나라 소비자는 원으로 결재할 것이다. 얼마를 결재하나 보니 미국에서는 5달러, 한국에서는 5천원을 결재하고 있었다. 즉, 1달러는 1,000원하고 같은 꼴이다. 이것이 환율이다. 그런데 우리나라만 기준금리를 올려서 우리나라 돈의 가치가 평가절상 되었다. 우리나라 돈의 가치가 올라가게 된 것이니 이제 햄버거 살 때 먼저 보다 조금만 줘도 되니 우리나라에서 햄버거 가격은 4,000원이 되었다. 그리고 미국은 변함없이 5달러를 받고 있다. 그럼 이제 환율은 4,000원÷5달러 = 800원/달러 이 되었다. 즉, 1달러 당 800원이 된 것이다.

우리나라가 기준금리를 올리기 전 환율은 1달러에 1,000원 이였지만 기준금리를 올렸더니 평가절상 되어 환율은 1달러에 800원으로 200원 하락하게 되었다. 즉, 평가절상은 환율하락이 되었다. 이것을 그림으로 정리해 보면 아래 <그림 2-9>와 같다.

<그림 2-9> 환율의 변화

참고로 빅맥지수라는 것이 있는데 각 나라에서 판매되고 있는 빅맥햄버거 가격을 비교해서 각 나라의 물가 및 환율을 가늠해 보는 용도로 사용하기도 한다.

그럼 환율이 평가절상(환율하락) 되면 어떤 영향이 있을까? 방금 예로 든 햄버거를 기준으로 생각하면 우리나라에서는 ₩5,000에 사던 것을 ₩4,000으로 살 수 있으니 햄버거 원재료를 국내로 많이 들여오게 될 것이다. 즉, 수입이 늘어나게 되는 것이다. 반대로 우리나라에서 미국에 김을 수출한다고 생각해 보면 우리나라가 기준금리를 올렸다 해서 당장 국내 김 가격이 변하는 것은 아니다.(물론 시간이 지나면 변하게 될 것이다) 김 1셋트에 ₩10,000이라 하면 처음에는 환율 1달러에 ₩1,000이었으니 ₩10,000÷₩1,000 = 10달러로 미국은 김을 수입했을 것이다. 그런데 우리나라 기준금리 인상 후 환율은 1달러에 ₩800이 되었으니 이번엔 미국이 김을 수입하려면 ₩10,000÷₩800 = 12.5달러를 결재해야 한다. 우리는 가격변화가 없지만 환율이 변동되면서 미국은 수입가격이 $10에서 $12.5로 올랐기 때문에 수입을 줄이게 될 것이다. 우리나라로 보면 수출이 줄어들게 되는 것이다. 즉, 국내 화폐가 평가절상(환율하락)되니 수입은 늘고 수출은 줄어드는 현상이 생기게 된 것이다. 우리나라 전체 산업을 놓고 보면 수입 보다는 수출에서 더 많은 수익을 올리는 구조이며 수출기업 기준으로 보면 환율하락(평가절상)은 악재이고 반대인 환율상승(평가절하)은 호재라 볼 수 있다. 하지만 환율상승이 수출기업에게 모두 좋은 것은 아닐 수 있는데 수출을 하기 위해 원재료를 수입해서 가공한 후 다시 수출을 한다고 하면 환율상승은 수입물가 상승을 의미하므로 제조단가가 상승하여 가격경쟁력을 잃거나 단가를 낮춰 생산성이 저하되는 결과를 낳을 수도 있다. 따라서 환율변화가 각 경제주체에 어떤 영향을 미치는지는 개별적인 분석이 필요하다.

그럼 지금부터는 환율을 변동시키는 요인에 대해 알아보도록 하겠다. 먼저 금리가 환율에 영향을 미친다는 것은 방금 예를 통해 확인해 봤다. 다음은 통화량이다. 만약 통화량이 늘어난다면 시장에는 현금이 많아져서 유동성이 풍부해지게 된다. 즉, 흔한 만큼 화폐의 가치는 하락하게 되어 환율은 평가절하(환율상승) 된다. 반면 통화량이 줄어들면 반대가 될 것인데 이는 금리와 연계해 볼 수도 있다. 금리를 높이면 저축이 늘어나기 때문에 시중에 통화량이 줄어들게 된다. 따라서 금리인상은 통화량 축소, 환율 평가절상 효과를 가져오게 된다. 다음은 국가의 정치나 경제의 안정성이 환율에 미치는 영향을 생각해 보자. 글로벌 무역 상대국이 안전한 나라라면 그 나라의 화폐도 안전한 것으로 인식되어 평가절상을 예상할 수 있다. 그러나 불안한 나라라면 평가절하 뿐 아니라 교역 상대국은 그 나라의 화폐로는 결재를 받지 않을 것이고 금이나 기축통화로 결재를 받으려 할 것이다. 이 밖에 다른 요인도 환율에 영향을 미칠 수 있는데 그 요인이 화폐의 가치를 높게(평가절상)하는 것인지 아니면 그 반대인지를 생각해 보면 좀 더 수월하게 환율변동을 예측해 볼 수 있을 것이다.

다음은 환경변화와 환율의 변동 관계를 표로 정리해 봤다.

구분	평가절상(환율인하)	평가절하(환율인상)
금리	금리인상	금리인하
통화량	통화량 감소	통화량 증대
국가의 안전성 (화폐의 안전성)	안전성 상승	안전성 하락

<표2-4> 환율변동요인에 따른 환율변화

■ 유가

원유를 정제하면 산업에 필요한 여러 부산물을 얻을 수 있는데 그 중 하나가 석유이며 각국은 석유가 아닌 원유상태로 거래한다. 그리고 원유는 큰 드럼통(약 159리터)에 담긴 배럴 단위로 거래한다. 원유는 세계 여러 곳에서 나오는데 국제유가를 결정하는 대표적인 곳은 WTI(미국의 서부텍사스유), 두바이유(중동의 아랍에미리트), 브렌트유(영국의 북해) 등 3곳이며 가격은 모두 다르다. 그리고 각 나라는 보통 한 곳에서만 원유를 수입하지 않고 수입처를 다변화해서 혹시 모를 가격변동에 대비한다.

원유가격의 형성은 기본적으로 수요와 공급의 원칙이 적용된다. 수요가 많거나 공급이 줄어들면 가격이 오르고, 수요가 줄거나 공급이 늘어나면 가격이 떨어진다. 이 말을 다른 말로 써보면 '경기가 활성화 되거나(수요가 늘어나거나) 원유국이 원유 산출량을 줄이면(공급이 줄어들면) 가격이 오르고, 경기가 침체 되거나(수요가 줄거나) 원유국이 원유 산출량을 늘이면(공급이 늘어나면) 가격이 떨어진다'로 쓸 수 있다. 즉, 원유가격이 오르거나 떨어지는 징후를 관측하고 원인을 분석해 보면 현재 경기가 어떤 방향으로 가고 있는지 측정해 볼 수 있고 이를 근거로 다른 금융상품 거래를 결정하는데 참고할 수 있다.

■ **BSI(기업경기실사지수)**

BSI는 기업경기실사지수라 한다. 내용인 즉 회사의 대표(사장)에게 앞으로 경기가 좋을 것인지? 좋지 않을 것인지?에 대해 설문을 받아 이를 지수화 한 것이다. 지수가 100을 넘으면 경기가 좋아질 것을 의미하며 100이 되지 않으면 좋지 않을 것을 의미하는데 이는 기업활동의 최종 결정권자에게 물어본 것이기 때문에 향후 경기를 잘 예측하는 선행지수로 알려져 있다.

지금까지 대표적인 시장지표 몇가지를 봤는데 추가적으로 알아야 할 것이 있다. 투자를 하다 보면 당연하게 시장을 분석하고 예측하게 된다. 그 때 지금까지 얘기한 시장지표나 기업의 재무제표 등 객관적인 숫자를 중심으로 분석하고 예측하는 것을 기본적 분석이라 하는데 이와 다르게 기술적 분석이라는 것도 있다.

결론부터 말하자면 기술적 분석은 언제든 틀릴 수 있고 위험성이 높은 방법이니 주의를 요한다. 몇 가지 예를 들어보겠다. ①우리나라 주가는 미국의 주가 흐름에 따라 변한다. ②주가지수가 오르거나 내릴 때 일정한 패턴이 존재한다.(두 번 조정을 거치고 움직인다 등등) ③가을에는 가스관련 주식을 사야 한다. 곧 겨울이고 가스를 많이 쓸 것이기 때문이다.(계절요인) ④매년 초에는 사람들이 새로운 마음으로 투자를 시작하니 주가가 오른다. 이 밖에도 기술적 분석은 여러가지가 있다. 이런 기술적 분석의 대부분은 시장을 살펴보니 어떤 현상들이 반복되더라 라는 것에서 주장하는 경우들이 많다. 혹시 독자중에도 경험해 본 경우가 있을 수도 있는데 아마 언제든 틀릴 수 있는 얘기라는 것에 공감할 것이다.

기술적 분석은 특이사항이 발생하지 않는 시장에서는 비교적 잘 맞는 모습을 보일 수도 있지만 시장은 언제든 특이사항이 생길 수 있는 곳이고 또 여러 문제가 복합적으로 발생하기 때문에 이런 형태로 투자시장을 예측하는 것은 위험한 일이다.

투자시장을 볼 때는 '과거가 언제나 똑같이 반복되지는 않는다'고 생각해야 한다.

6. 보험회사 상품

보험상품은 일반소비자가 알기 어려운 여러 내용을 품고 있는데 보험료도 그 중 하나이다.

보험료는 보험상품을 개발하는 최종단계에서 정해지는데 보험료 산출이 완료돼야 상품개발이 끝나는 것이다. 즉, 보험상품 개발에 들어간 모든 것은 보험료를 통해 표현되는 것이다. 그리고 보험료는 철저한 수학적 계산을 통해 산출되는 것이고 소비자가 그 계산을 알 필요는 없지만 계산의 과학적 근거를 이해하는 것은 중요하다. 왜냐하면 보험료 산출 근거를 이해하게 되면 보험상품을 이해하는 것을 넘어 나에게 필요한 보험상품을 선택하는데도 도움이 되기 때문이다.

따라서 어려운 내용이지만 보험상품 해설은 보험료에 대한 것으로 시작해 보도록 하겠다.

6.1 보험료

보험료는 보험회사가 가입자에게 받는 돈을 말하며 구분해야 할 용어인 보험금은 보험사고가 생겼을 때 보험회사가 가입자에게 지급하는 돈을 말한다. 보험료는 보험회사가 가입자에게 보험금을 지급할 것을 약속하고 그 대가로 받는 금전이며 가입자가 보험료를 납입해야 보험계약은 유효하게 성립된다.

보험은 미래에 일어날 일에 대해 보장할 것을 약속하는 계약이기 때문에 발생여부가 불확실한 사건(예외적으로 발생여부가 확실한 사건도 있는데 사망이 대표적이다)에 대해 사전 예측하고 이를 수학적으로 계산한 결과를 반영해서 보험료를 책정한다. 그렇기 때문에 대부분의 보험료는 가입자가 정하는 것이 아니라 보험회사가 이미 계산해 놓은 금액을 납입해야 한다. 다만, 저축성 보험의 보험료는 보통 가입자가 납입금액을 정할 수 있다.

■ 보험료 산출의 과학적 근거

보험료는 대수의 법칙, 생명표, 수지상등의 원칙 이 3가지 수학적 근거를 보험료 계산의 기초로 삼고 있다.

대수의 법칙은 일명 확률의 법칙으로도 불리는 것인데 예를 들어 1에서 6까지 있는 주사위를 던질 때 1이 나올 확률은 1/6이지만 주사위를 6회 던졌더니 1만 6회 나올 수도 있다. 하지만 주사위를 수십만 수백만번 던진다 하면 어떻게 될까? 1에서 6까지 숫자가 각각 전체의 1/6에 가깝게 나오게 될 것이다. 즉, 측정 횟수를 적게 하면 일정한 확률을 측정하기 어렵지만 횟수가 많아지면 일정한 확률이 나오게 된다. 보험은 가입자가 수만, 수십만명 이상일 수 있다. 따라서 보험은 보험사고가 일정한 확률로 발생한다고 보고 이에 맞춰 상품을 개발하게 된다.

생명표는 성별 연령별로 생사 잔존상태를 나타낸 통계표이다. 예를 들어 생명표를 보면 남성 OO세인 경우 1년 동안 몇%가 사망한다는 것을 알 수 있다. 그리고 보험회사가 사용하는 경험생명표는 5년마다 현실을 반영해서 개정하고 있다. 따라서 생명표를 사용하면 사고발생 확률을 예측할 수 있기 때문에 보험료 산출이 가능하게 된다.

수지상등의 원칙은 가입자가 납입하는 보험료의 총액과 보험회사가 지출하는 보험금의 총액을 일치시킨다는 원칙이다. 즉, 보험회사 기준으로 수입과 지출을 일치시키는 것인데 보험은 미래 보험사고에 대해 보장을 하기 때문에 예측해서 받은 보험료 총액과 실제로 지급된 보험금 총액은 다르게 된다. 만약 보험회사가 보험료를 더 많이 받았다면 회사는 배당이나 보험료 할인을 통해 가입자에게 초과분을 반환하고, 반대로 보험금을 더 많이 지출하게 되었다면 가입자가 납입해야 할 보험료를 인상해서 수지상등을 맞추게 된다. 이런 수지상등의 원칙은 심심찮게 들어봤을 내용인데 아마 대중매체에서 "올해는 OO보험의 손해율이 높아져서 보험료 인상이 예상된다."라는 얘기를 들어봤을 것이다. 여기서 손해율이 높아졌다는 것은 보험회사가 보험금 지급을 예상보다 많이 했다는 것이며 그렇기 때문에 수지상등을 맞추기 위해 보험료를 인상하겠다는 내용인 것이다.

이렇게 해서 보험료 산출의 기초인 대수의 법칙, 생명표, 수지상등의 원칙에 대한 내용을 살펴봤는데 이 3가지는 보험료를 산출하는 대원칙이자 과학적 근거이다. 보험료는 이어서 설명(개념만 설명함)하게 될 계산과정을 거쳐 산출하는데 이 과정을 이해하게 된다면 향후 여러 보험상품 중에서 나에게 맞는 상품을 선택할 때 고민을 덜어줄 수 있는 기준 하나를 정립할 수 있게 될 것이다.

■ 보험료 산출 원리

보험에 가입하려 했더니 보험료가 10만원이라고 한다. 보험회사는 어떤 계산으로 이 보험료를 산출했을까?

우리나라에서 보험료를 산출하는 방법은 2012년부터 2014년에 걸쳐 새로운 방식을 점진적으로 도입하며 큰 변화가 있었다. 이전 방식인 3이원방식과 이후 방식인 CFP(Cash Flow Pricing)방식이 그것이다. 그리고 보험료 산출은 현재 방식인 CFP방식 뿐 아니라 과거 방식인 3이원방식도 알아야 하는데 과거에 가입해서 지금도 유지되고 있는 보험도 있고, 현재 방식인 CFP방식에도 과거의 개념이 상당부분 사용되고 있기 때문이다.

■ 보험료 산출 - 3이원 방식

앞서 얘기했듯이 3이원방식은 과거에 보험료를 산출하던 방식인데 3가지 이원을 기반으로 보험료를 산출하는 방식이다. 3이원은 예정위험률, 예정이율, 예정사업비율을 말한다. 아직은 막연한 말인데 하나하나 살펴보자.

예정위험률은 상품에 가입한 가입자들이 어느 정도 보험사고 위험이 있는지를 예측한 것이다. 예를 들면 암보험에서 암 발병 위험이 4.8%라면 이 상품에 가입한 가입자들이 납입하는 보험료의 합계와 이런 위험률일 때 지급되는 보험금의 합계를 동일하게 맞추고(수지상등의 원칙) 여기에 실제 위험률과 오차가 있을 때를 대비한 안전장치를 더해서 5.0%로 정하는 형태이다.(참고 : 숫자는 예시일 뿐이며 실제와 다름) 그리고 예정위험률은 1년에 한번씩 변하게 되는데 예정위험률이 높아지면 지급하는 보험금이 많아질 것으로 예상하는 것이기 때문에 수지상등의 원칙에 의해 보험료를 높이게 된다. 반대로 예정위험률이 낮아지게 되면 보험료는 낮아지게 된다.

예정이율은 가입자가 납입한 보험료를 자산운용 해서 얻을 수 있는 수익률을 말한다. 보험회사는 가입자가 보험료를 납입하면 자산운용을 통해 자산을 증식하게 된다. 예정이율은 이때 미래의 자산운용 수익률을 예상해 본 것이고 예정이율이 높다면 수익률이 좋다는 것이며 이는 적립금이 늘어나서 납부한 보험료가 많아진 것과 같은 효과가 되므로 수지상등의 원칙에 의해 차후 가입자가 납부할 보험료는 싸지게 된다. 반대로 예정이율이 낮아지면 보험료는 비싸지게 된다. 그리고 미래 오차를 감안해서 예상 보다는 약간 낮은 이율을 사용해서 위험에 대비하게 된다.

예정사업비율은 보험회사를 운영하는데 소요되는 비용을 가입자가 납부하는 보험료에서 차감하는 것으로 공식 명칭은 사업비이나 마진과 비슷한 개념으로 보면 된다. 일반적으로 물건을 팔 때 마진을 붙여 팔듯이 보험회사는 보험료에 사업비를 붙여서 보험상품을 판매하고 있으며 그 사업비는 예정사업비율에 의해 정해지게 된다. 보험회사가 예정사업비율을 높이면 보험료도 비싸지고 반대로 낮추면 보험료는 싸지게 된다.

이렇게 3이원 방식에 사용되는 3가지 예정률에 대해 살펴봤는데 아직은 막연할 수 있다. 하지만 이것 하나만은 개념을 정립했으면 한다. 보험료를 산출하는 대원칙은 수지상등의 원칙이다. 즉, 보험금이 많이 지급되는 상품은 보험료가 비싸고, 그렇지 않은 상품은 보험료가 싸다는 것이다. 그리고 다른 요인이 보험료에 영향을 미칠 수도 있다. 하지만 보험료에 가장 크게 영향을 미치는 것은 수지상등의 원칙이다.

따라서 보험을 선택할 때 보험료가 비싸면 어떤 보험금을 받을 수 있어서 비싼 것인지 확인해 봐야 하고, 보험료가 싸다면 생각하는 것 보다 보장이 안되거나 보험금이 적게 지급되는 것이 있는지 살펴보는 자세가 필요하다.

■ 보험료 산출 – CFP(Cash Flow Pricing/현금흐름) 방식

과거에는 3이원 방식으로 보험료를 산출했지만 현재는 CFP(현금흐름) 방식을 사용하고 있다. 현금흐름 방식이란 어떤 보험에 가입했을 때 향후 지급할 보험금의 현금흐름을 파악하고 이를 현가(현재가치)로 계산해서 수지상등의 원칙에 의거해서 보험료를 산출하는 방식이다. 예를 들어 질병보험에 가입했는데 5년 뒤에는 뇌질환으로 OO만원, 10년 뒤에는 심장질환으로 OO만원, 17년 뒤에는 암으로 OO만원의 보험금 지급이 예상될 때 각각의 보험금을 현재가치로 할인(할인하면 금액이 줄어듦)하고 수지상등을 맞추기 위해 이 금액과 동일한 금액을 보험료로 책정한다는 것이다.

어찌됐건 우리나라가 과거 3이원 방식에서 CFP방식으로 보험료 산출 방법을 변경한 것은 국제기준에 맞추기 위한 불가피한 선택이었고, CFP방식의 보험료 산출은 보험회사 측면에서는 상품 뿐 아니라 회계처리 등에 큰 변화를 가져왔지만 소비자 측면에서 느낄 만한 변화는 다양한 상품의 출현이라 할 수 있다. 그 대표적인 예가 무해지/저해지 상품의 출현이라 할 수 있는데 이에 대해서는 뒤에서 다시 언급하도록 하겠다.

■ 보험료 구성 원리

방금 살펴본 보험료 산출 방식만으로는 보험료가 어떻게 구성되어 있는지 알기는 막연하다. 다음 <그림 2-10>을 보자.

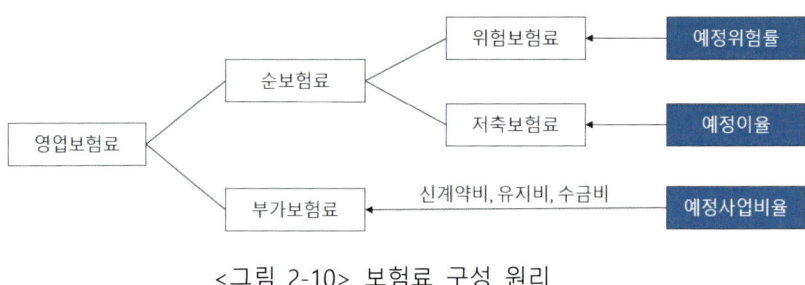

<그림 2-10> 보험료 구성 원리

이 그림은 3이원으로 보험료를 산출하는 순서를 그림으로 표현한 것이다. 이 그림에서 보험 가입자가 납입하는 보험료는 왼쪽에 있는 영업보험료다. 그런데 보험회사에서 보험료를 산출할 때는 그림 오른쪽부터 왼쪽으로 이동하며 산출한다. 예정위험률에 의해 위험보험료, 예정이율에 의해 저축보험료, 예정사업비율에 의해 사업비(신계약비,유지비,수금비)를 산출한다. 그리고 위험보험료와 저축보험료를 합쳐서 순보험료라 부르고 사업비는 부가보험료라 부른다. 그리고 순보험료와 부가보험료를 합쳐서 가입자가 납부하는 보험료인 영업보험료가 된다. 평소 가입자가 납부하는 보험료를 편의상 보험료라 부르지만 공식명칭은 영업보험료다. 그럼 각각의 보험료 특징에 대해 설명해 보겠다.

위험보험료는 보험사고를 보장하기 위해 예정위험률에 근거하여 설정된 보험료다. 보험사고라 하면 화재, 질병, 재해·상해, 사망 등등을 말하며 보험회사는 이런 사고가 생겼을 때 보험금을 지급하기 위해 여러 가입자들이 납입하는 보험료에서 위험보험료에 해당하는 만큼을 모아 공동준비재산을 형성하고 이를 자산운용하며 관리한다.

여기서 위험보험료의 특징을 살펴보자. 당연한 말이겠지만 보장을 더 많이 하는 상품 좀 더 정확히 말하자면 보험금을 더 많이 지급하는 상품은 위험보험료가 커지게 된다. 그리고 보험금을 더 많이 지급한다는 것은 보장하는 금액이 크다는 것 보다는 실제로 지급하는 보험금이 많은 상품이다. 다음 예를 보자. 보험상품A는 번개를 세번 맞고 마지막 세번째 번개에 사망하면 10억을 보장하는 상품이다. 보험상품B는 골절이 발생하면 20만원을 보장하는 상품이다. 그리고 두 상품의 위험보험료는 모두 1만원이다. 두 상품의 보장금액은 10억과 20만원으로 상당한 차이가 있다. 그런데 왜 위험보험료는 같은 것일까? 그 이유는 A상품은 보험금을 지급하는 경우가 거의 없고(발생확률이 낮고), B상품은 보험금을 지급하는 경우가 많기(발생확률이 높기) 때문이다. 즉, 저축성 상품이 아닌 보장성 보험은 그 상품에서 지급하게 될 보험금의 총량과 상품에 가입한 모든 가입자가 납입하는 보험료의 총량을 동일하게 하는 수지상등의 원칙으로 보험료를 정하게 된다는 것을 다시 한번 확인해 볼 수 있다. 그리고 위험보험료 책정에 많은 영향을 미치는 것이 실제 지급되는 보험금이라는 것도 알 수 있다. 따라서 보장성

보험을 가입할 때 위험보험료가 비싸다면 그 상품은 보험금 지급이 많은 상품으로 봐도 큰 무리는 없다.

다음으로 저축보험료는 중도나 만기에 환급금을 지급하는 보장성 보험이나 저축성 보험에 주로 설정되는 보험료이며 예정이율을 기초로 해서 설정하게 된다. 이는 말 그대로 정해진 시간이 되면 해당 가입자에게 저축보험료와 이자를 돌려주는데 주로 생명보험 상품에 적용되고 있다.

다음 두가지 보험상품을 비교해 보자. 보험상품A는 암을 보장하는데 보험료가 3만원이다. 그리고 만기가 되면 계약은 소멸하고 환급해 주는 금액도 없다. 보험상품B는 A상품과 동일하게 암을 보장하는데 보험료가 7만원이다. 그런데 만기가 되면 납입했던 보험료를 모두 돌려준다. 두 상품의 차이는 무엇일까? 간략히 말하면 B상품은 A상품과 보장하는 것에는 차이가 없으니 위험보험료는 같은 상품이다.(개념을 이해하기 위해 차이가 없다고 했으나 실제는 차이가 있다. B상품의 위험보험료가 더 작아지게 된다.) 그런데 B상품은 A상품 보다 저축보험료를 4만원 더 받게 만들어서 이를 운용해서 이자를 붙이면 만기에 납입한 원금을 돌려줄 수 있게 만든 것이다. 즉, 만기에 원금을 돌려줄 수 있게 수학적 계산을 해 보니 그 때 저축보험료가 4만원이기 때문에 총 7만원의 보험료를 받는 상품으로 개발한 것이다. 따라서 A와 B상품은 보장측면에서는 같은 상품이고 구성된 보험료만 다른 상품이다.

마지막으로 부가보험료는 보험회사 운영에 소요되는 비용을 충당하기 위해 설정한 마진개념의 사업비이며 예정사업비율에 의해 설정하게 된다. 참고로 금융회사는 형태와 용어는 다르지만 다른 일반 기업들과 마찬가지로 마진을 발생시켜서 회사를 운영하고 있다. 그리고 보험회사는 가입자가 납입하는 보험료에 마진을 청구하는 선취 형태를 취하고 있고, 대부분의 다른 금융회사는 가입자가 납부한 금액으로 자산운용을 하는 중간이나 만기에 마진을 취하는 후취 형태를 취하고 있다. 이는 보험은 가입과 동시에 보장이 개시되기 때문에 운영비를 선취하는 것으로 이해하면 될 것이다.

이와 같이 보험회사의 보험료에 대해 설명했는데 적지 않은 지면을 활용해서 설명하게 된 이유를 다시 얘기하자면 보험료 구성 원리를 이해하는 것은 소비자가 처음 접하는 상품이라 하더라도 개략적으로 그 보험상품을 이해하는데 도움을 줄 수 있고 스스로 본인에게 맞는 보험상품을 선택할 수 있는 힘도 길러 줄 수 있기 때문이다.

6.2 보험계약관계자

보험계약관계자는 말 그대로 보험계약과 관계 있는 사람들을 의미하며 계약자, 피보험자, 수익자, 보험회사 이렇게 4명이 있다. 그리고 이 4명은 각각 권리와 의무를 지게 되는데 그 내용이 무엇인지 아는 것은 필수적이고 중요하다.

먼저 계약자는 보험료를 납입할 의무가 있으며, 권리는 계약에 대한 대부분의 권리를 행사할 수 있다. 계약자의 권리에는 계약사항을 조회할 권리, 계약사항을 변경할 수 있는 권리, 보험계약대출을 받을 권리, 해약할 권리 및 다른 계약관계자에게 특정되지 않은 권리의 대부분을 갖고 있다.

피보험자는 보장의 대상이 되는 사람이다. 피보험자에게 보험사고가 생기거나 피보험자 기준으로 특정 나이에 도달했는지를 판단해서 보험금을 지급하게 된다. 그리고 피보험자에게는 의무나 권리가 부여되지 않지만 피보험자의 서면동의철회권은 인정하고 있다. 피보험자 서면동의철회권은 계약자와 피보험자가 다른 계약에서 피보험자가 더 이상 피보험자로 남아 있기를 원하지 않는 경우 행사할 수 있는 권리인데 계약이 해지되는 결과로 이어져서 경제적 손실이 발생될 수 있다.

수익자는 약간의 의무와 보험금 수령 권리가 있는데, 계약자가 피보험자의 동의를 얻어 지정하거나 변경할 수 있다. 그리고 수익자는 세부적으로 만기시 수익자, 입원·기타시 수익자, 사망시 수익자 등 3부분으로 나눠 각각 지정할 수 있는데 여러 명을 지정할 수도 있다. 예를 들어 사망시 수익자를 배우자와 자녀2명 총 3명으로 지정하면서 배우자 40%, 자녀 각 30%처럼 각각의 보험금 수령비율을 지정할 수도 있다.

마지막으로 보험회사는 가입자에게 보험금을 지급할 의무를 지게 되고, 보험료를 수령할 권리 및 보험계약을 체결하고 유지하는 과정을 감독할 권리도 갖게 된다.

보험계약에서 계약자와 수익자는 여러 명이 될 수 있고 계약체결 이후에 교체도 가능하다. 그러나 피보험자의 경우 여러 명이 될 수는 있지만 계약 체결 이후 교체는 불가능하다. 단, 예외적으로 기업이 계약자인 단체보험에서 종업원이 피보험자인 경우 퇴직 등의 사유로 피보험자 교체가 가능한 경우가 있다.

그럼 예시를 통해 보험계약관계자의 권리와 의무가 어떻게 행사되는지 알아보도록 하겠다.

예시1. 계약자:이몽룡 / 피보험자:이몽룡

이렇게 계약자와 피보험자를 동일하게 지정할 수 있는데 이런 계약을 자기를 위한 계약이라 하며 이몽룡 본인이 보장을 받으면서 계약에 대한 권리도 갖고 있는 형태이다.

예시2. 계약자:이몽룡 / 피보험자:춘향이

이렇게 계약자와 피보험자를 다르게 지정할 수도 있는데 이런 계약을 타인을 위한 계약이라 하며 춘향이가 보장의 대상이다. 보험금 지급여부는 춘향이의 상태에 따라 결정된다.

예시3. 계약자:이몽룡 / 피보험자:춘향이 / 수익자:월매

이 경우 보험료는 계약자인 이몽룡이 납입하고, 피보험자인 춘향이가 다치고(변사또에게 끌려가 맞음), 보험금은 수익자인 월매가 수령하게 된다. 지금 예를 든 것처럼 보험계약은 돈을 납입한 사람과 수령하는 사람이 다른 형태의 계약이 가능하기 때문에 계약관계자 지정은 중요한 결정사항이라 할 수 있다.

이어서 실제로 많이 존재하고 있는 계약관계자 지정 형태인 계약자:A, 피보험자:A, 수익자:법정상속인인 경우를 살펴보자. 이런 계약은 A에게 보험사고가 생기는 경우 법정상속인이 보험금을 수령해야 하는데 법정상속인이 여러 명이거나 바로 확인이 되지 않으면 보험금을 수령하는데 어려움이 발생할 수 있다. 보험은 보험금을 수령해서 바로 피보험자 치료에 사용해야 하는데 이것이 어려워질 수 있는 것이다. 따라서 수익자는 가족 중 특정인을 지정하는 것이 바람직하다. 더불어 장수시대가 되면서 수익자가 치매 등의 이유로 권리행사가 어려워질 수도 있는데 이런 경우를 대비해서 수익자를 대신해서 보험금을 수령할 사람을 평소에 지정해 놓는 지정대리인청구제도를 활용할 수도 있다.

6.3 보험약관

보험계약에서 약관은 매우 중요하다. 왜냐하면 약관은 계약에 대한 모든 권리와 의무사항을 기록하고 있을 뿐더러 보험회사가 가입자에게 직접 전달하는 명문화된 약속이기 때문이다. 물론 보험설계사가 고객에게 하는 설명도 중요하지만 보험회사가 명문화된 문서로 직접 고객에게 하는 약속인 약관은 무게가 다르다. 보험회사가 실수로 회사에 불리한 내용을 약관에 기록하게 됐다 하더라도 이는 보험회사의 잘못이므로 큰 손해가 생겨도 책임을 지게 된다. 그 만큼 약관의 내용은 강력하기 때문에 가입자는 필히 약관의 내용을 잘 알고 있어야 한다. 하지만 약관은 수백 페이지를 넘기는 경우가 대부분이고 사용하는 용어도 어려운 것이 많아 읽어 보기가 만만치 않은 것도 현실이다. 업계에서는 쉬운 용어 사용을 위한 노력도 하고 있지만 여전히 어렵다. 필자가 2장에서 보험상품을 바로 설명하지 않고 여러가지 내용을 앞서 설명하고 있는 것도 약관의 어려움 때문이라 할 수 있는데, 이 책에서 설명하는 내용을 읽어보면 약관을 볼 때 용어가 조금은 익숙하고 내용을 이해하는데 도움이 될 것이다.

그럼 약관에 대해 좀 더 얘기해 보겠다. 일반적으로 약관 전체내용 중 앞부분은 보통약관, 뒷부분은 특별약관이라 한다. 보통약관은 보험상품에 공통으로 적용되는 내용을 기록해 놓은 부분이다. 따라서 보험상품을 여러 건 가입하는 경우 보통약관 부분은 한 상품만 읽어봐도 된다. 특별약관은 내가 가입하는 상품에 대한 내용을 기술해 놓은 부분이다. 그리고 한 상품이라 하더라도 세부적으로 선택할 수 있는 계약은 여러가지가 있을 수 있는데 내가 선택하지 않은 계약도 모두 나열하고 있다. 그렇기 때문에 특별약관 부분은 상품판매원이 제공한 상품제안서를 보고 내가 가입할 부분만 찾아서 읽어보면 시간을 절약할 수 있다.

그리고 약관에서 오류를 찾아보기는 쉽지 않다. 오랜 시간 수많은 검토와 검증을 거치며 나온 것이기 때문이다. 하지만 그럼에도 불구하고 시대에 따라 관점에 따라 내용을 해석하는데 차이가 있을 수도 있고, 애매모호한 표현이 있는 경우 소비자에게 유리하게 해석하는 원칙이 적용되고 있기도 하다. 그 이유는 약관은 가입자가 작성한 것이 아니라 회사가 작성한 것인데 이런 상황이 발생하게 된 것은 작성한 쪽에서 잘못한 것으로 보는 작성자 불이익의 원칙이 적용되기 때문이다. 따라서 보험가입자는 스스로의 권익보호를 위해 약관의 내용을 잘 파악하고 있는 것이 중요하다.

참고로 시대에 따라 달라진 약관해석 사례 한가지를 보겠다. 약관의 내용은 가입당시에 확정되는 특징이 있다 보니 향후 시대가 변하면서 약관을 해석하는데 여러 이견이 생기기도 한다. 수년전에 있었던 암치료 관련 실제 사례다. 암치료는 과거에 병원에서 치료하는 것 외에는 생각할 수 없었으나 최근에는 과거에 없던 요양원이라는 기관이 생겼고 여기에서 암을 치료하는 경우도 치료로 인정해서 보험금을 지급해야 하는지? 문제가 대두됐었다. 이것이 문제가 된 이유의 핵심은 보험회사가 보험료를 산출할 때 적용한 통계에는 병원치료만 반영되어 있기 때문에(보험회사는 요양원 치료도 보장해야 한다면 보험료를 더 높게 했어야 했다는 입장) 보험회사는 요양원 치료는 제외해야 한다는 입장이었고 가입자는 이것도 치료이기 때문에 보험금을 지급해야 한다는 것이었다. 이런 사례처럼 약관의 해석은 중요하기 때문에 보험회사가 혹시 모를 오해와 분쟁을 사전에 막기 위해 약관의 표현을 더 세밀하게 하고 복잡하게 하는 것은 일정부분 피할 수 없는 현실이기도 하다. 그리고 약관의 내용이 복잡해지는 만큼 소비자도 약관을 더 주의 깊게 읽어봐야 할 것이다.

■ 해약환급금이 납입 보험료 대비 적거나 없는 이유

이 내용은 보험계약에 대한 이해부족을 넘어 보험상품에 대한 좋지 않은 인식을 갖게 되는 부분이며, 소비자가 혼자의 힘으로 쉽게 이해할 수 없는 부분이라 해설을 해 보고자 한다.

보험상품 특히 저축이 아닌 보장을 주 내용으로 하는 보험은 중도에 해약하면 해약환급금이 납입한 보험료 보다 적거나 아예 없는 경우가 있다. 소비자는 이해하기 어려운 내용이다. 하지만 이제는 앞에서 보험료 구성 원리를 봤으니 그 내용을 근거로 왜 이런 일이 생기는지 얘기해 보겠다.

은행 저축을 생각해 보면 약속한 시간을 다 채우면 정해진 이자를 지급하지만 그렇지 않으면 이자가 거의 발생하지 않는 것이 보통이다. 반면 보장성 보험은 만기에 가서 보험금을 지급하겠다는 약속을 하는 것이 아니라 가입과 동시에 보장을 시작한다. 이렇다 보니 보험은 계약자가 보험료를 납입하면 보험료에서 바로 위험보험료와 사업비를 차감해서 위험보험료는 공동준비재산에 투입하고 사업비는 회사의 보장 시스템을 운영하는데 사용해서 보험사고가 생기는 가입자에게 보험금을 지급한다. 위험보험료는 공동준비재산에 들어가기 때문에 이 계정에 들어가는 순간 가입자 개인의 돈이 아닌 가입자들 공동의 재산이 되고, 사업비는 비용으로 사용되어 소요된다. 따라서 중간에 해약하게 되면 이런 특징 때문에 해약환급금은 납입한 보험료 보다 적거나 없게 되는 것이다. 물론 해약하기 전에 보험사고가 생겼다면 이런 시스템으로 납입한 보험료 보다 큰 보험금을 받았을 것이다.

보험은 가입 보다 유지가 더 중요한 상품이라 할 수 있다. 보장을 받는 것도 그렇고 경제적 손실을 막기 위해서도 그렇다. 따라서 보험가입을 결정하기 전에 보험료 납입을 계속할 수 있는지를 생각해 봐야 하며, 혹시 중도에 갑자기 보험료 납입이 힘들어지게 되면 보험회사에 연락해서 일시적으로 부담을 덜 수 있는 다른 방안이 있는지 문의해 보는 것이 좋다.

6.4 갱신보험, 비갱신보험

주변에서 갱신보험과 비갱신보험을 비교하며 어떤 것이 더 좋다고 설명하는 것을 들어본 독자가 있을 것이다. 필자도 직·간접적으로 여러 번 접해봤는데 결론부터 말하자면 필자는 똑 같은 상품이라 말하고 싶다. 실제로 두 상품을 수학적으로 계산하면 똑 같은 상품이다. 그럼 지금부터 내용을 살펴보도록 하겠다.

갱신보험은 일정 기간이 지나면 상품이 갱신되는 상품이다. 갱신을 하게 되면 그 전에 계약은 소멸하고 적립된 금액도 없이 갱신 시점의 조건(나이, 손해율 등)에 따라 변경된 보험료(올라간 보험료)로 다시 계약을 하게 되는 것이다. 그리고 상품에서 정해 놓은 기간마다 이런 갱신과정을 되풀이하게 된다. 하지만 갱신할 때는 이전 계약에서 보험사고가 있었는지 여부와 관계없이 보험회사는 가입자의 갱신요청을 수락해야 한다. 즉, 갱신시점에 피보험자의 건강상태와 관계없이 계약을 인수해야 한다는 것이다. 이렇게 계약을 갱신하는 것은 신규로 보험에 가입할 때 병력이 있으면 가입이 안될 수도 있는 것과 차이가 있다. 갱신계약 형태를 예로 들어보면 40세인 남성이 20년 갱신 100세 만기 상품에 가입했다고 하면 20년마다 갱신을 한다는 것인데 60세에 첫번째, 80세에 두번째 이렇게 20년 마다 갱신이 되다가 만기인 100세까지만 계약이 유효하게 되는 것이다.

비갱신보험은 보험료를 납입하는 기간이 확정되어 있고 보험료도 변함없다. 갱신상품에 비해 단순한 구조라 할 수 있다. 예를 들어 40세 남성이 20년 납입 100세 만기 상품에 월보험료 10만원인 상품에 가입했다면 이 상품은 매월 10만원을 20년 동안 240회 납입하고 보장은 100세까지 받는 상품이다. 즉, 보험료는 59세까지만 납입하고 60세부터 100세까지는 보험료 납입 없이 보장만 받게 되는 것이다.

이번엔 두 상품의 장점과 단점을 비교해 보자. 먼저 갱신상품의 장점은 최초 가입시점의 보험료가 저렴하다. 그래서 가입자는 부담을 덜면서 보장을 준비할 수 있다. 반면 단점은 갱신할 때 보험료가 오르다 보니 나이가 들어 소득이 줄어든 시점에 보험료가 올라 부담이 될 수 있고 또 계약이 끝나는 시점까지 보험료를 계속 납입해야 한다. 나이가 들었을 때 보험은 더 필요한데 걱정이 되는 부분이다. 여기서 짚어봐야 할 것은 보험료가 얼마나 오르는가?이다. 이 부분은 잠시 뒤에서 다시 언급하도록 하겠다. 다음은 비갱신상품이다. 비갱신상품의 장점은 보험료의 변동이 없고 정해진 기간만 납입하면 되기 때문에 보험료 납입 계획을 세우기에 좋다. 반면 단점은 가입시점에 갱신형 대비 보험료가 비싸기 때문에 계약하기에 부담이 된다. 비갱신상품에서 짚어봐야 할 것은 가입시점에 보험료가 갱신형 보다 얼마나 비싼가?이다. 참고로 두 상품은 보장하는 내용은 동일하다. 지금 살펴봤듯이 두 상품의 장점과 단점은 서로 엇갈려 있는데 결국 보험료에 대한 차이이다.

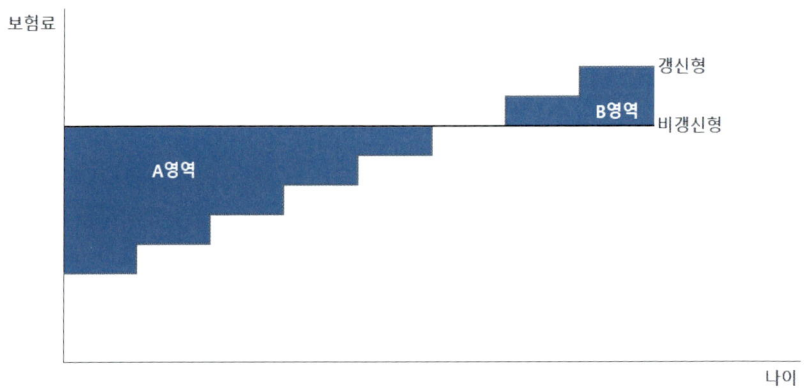

<그림 2-11> 갱신형과 비갱신형 보험료 비교

<그림 2-11>을 보자. 이 그림을 보면 갱신상품과 비갱신상품의 보험료 특징을 비교해 보는데 도움이 된다.

여기서 계단식으로 보험료가 상승하는 것이 갱신상품의 보험료이다. 예를 들어 3년 갱신형 계약의 경우 3년 동안은 보험료가 동일하다가 갱신할 때 보험료가 상승한 뒤 다시 3년은 동일한 형태를 반복하게 된다. 그래서 갱

신상품의 보험료는 그림과 같이 계단형이 된다. 그리고 갱신상품에서 보험료가 상승하는 주요원인 2가지는 나이와 손해율이다. 나이가 증가함에 따라 신체 위험도는 일반적으로 상승하는데 수지상등의 원칙에 따라 보험료도 상승한다. 그리고 상품을 개발할 때 적용했던 손해율(보험금 지급)이 실제와 차이가 나면서 역시 수지상등의 원칙에 따라 보험료는 오를 수도 내릴 수도 있게 된다. 그러나 나이 요인과 손해율 요인 두가지를 모두 적용하면 일반적으로 보험료는 상승하게 된다.

이어서 비갱신상품의 보험료를 보면 변동이 없기 때문에 그림처럼 평행선이 된다. 여기서 A영역은 보험계약 전반기인데 이 때는 갱신형 보험료가 비갱신형 보다 저렴하고 비갱신형은 A영역 만큼 보험료를 더 납입하게 된다. 만약 비갱신형 계약이 접수되면 보험회사는 이렇게 더 많이 들어온 보험료를 자산운용해서 불려놓고 있다가 보장할 때 사용한다. 비갱신형은 정해진 기간 까지만 보험료를 납입하기 때문에 보험료를 납입하지 않는 기간도 보장을 하기 위해서는 이렇게 미리 보험료를 더 받아서 적립해 놓는 것이다. 그리고 B영역은 갱신형의 보험료가 갱신을 하다 보니 상승해서 비갱신형 보다 더 높아지는 구간인데 비갱신형은 미리 받아 놓은 보험료 효과로 인해 갱신형 보다 보험료가 저렴해지게 된다.(참고 : 지금 그림은 이해를 위해 갱신형 보험의 보험료가 더 높아지는 것으로 표시했으나 실제 계약에서는 달라질 수도 있다)

그럼 이번에는 실제로 상품을 가입한다 했을 때 두 상품의 보험료를 비교해 보는 것에 대해 말해 보겠다. 먼저 비갱신형은 상품설계를 받아보면 간단히 알 수 있다. 정해진 보험료를 정해진 기간동안 납입하면 된다. 갱신형의 경우는 상품설계에 나와있는 보험료를 납입한 뒤 갱신이 될 때 새로운 보험료로 납입해야 하는데 이 보험료는 현재 확정된 보험료가 아니어서 알 수 없다. 앞서 얘기했듯이 그 동안 나이 증가와 변동하는 손해율에 따라 보험료가 증가하기 때문이다. 하지만 이렇게 해 보면 어림짐작해 볼 수 있다. 예를 들어 현재 40세인 사람이 20년 갱신상품을 가입한다면 60세에 새로운 갱신 보험료를 납부해야 하는데 만약 손해율이 현재의 손해율과 별반 차이가 없다면 현재 60세가 납부하는 보험료가 20년 후 내가 납부해야 할 보험료와 큰 차이가 없다 라고 생각할 수 있다. 따라서 갱신할 때 보험료를 어림 짐작해 보려면 보험판매원에게 현재 나보다 갱신주기 만큼 나이 많은 사람의 보험료를 확인해 달라고 요청해 보면 될 것이다. 여기서 잠시 생각해 보자. 시중에선 왜 갱신형이 유리하다 비갱신형이 유리하다 라는 말이 나오기 시작했을까? 그 주된 원인을 제공한 상품은 뒤에서 언급할 실손의료비보험 때문이 아닌가 싶다. 실손의료비보험은 갱신형 상품이다. 그런데 이 보험의 보험료가 급격히 많이 오르는 모습을 보이자 다른 갱신형 상품 전체에 대한 불신으로 확대된 면이 있다. 실손의료비보험의 갱신 보험료 상승은 현재 다른 갱신형 상품의 보험료 상승과 손해율 부분에서 큰 차이가 있다. 절대적인 판단방법은 아니지만 좀 전의 요령으로 갱신형 상품의 보험료를 확인해 본다면 막연한 불안감이나 의구심은 어느 정도 해결

될 것으로 기대된다.

그럼 갱신형과 비갱신형 중 어떤 것이 유리할까? 선택하기 위한 어떤 규칙이 있는 것일까? 타임머신이 있어서 미래에 발생하는 보험사고를 모두 안다면 가능하겠지만 그런 것은 없다. 두 상품의 보장에는 차이가 없다. 보험료를 납부하는 것에서 차이가 있을 뿐인데 이는 수학적으로 동일하다. 보험료 납부는 본인의 경제상황과 선호하는 방식 등을 감안해서 선택하면 될 것이다. 두 상품은 어느 것이 더 좋고 나쁘고로 해석할 내용이 아니다.

6.5 무해약(무해지) 보험 , 저해약(저해지) 보험

무해약(무해지) 또는 저해약(저해지) 보험이란 얘기를 들어봤을 수 있다. 용어도 무해지라 쓸 때가 있고 무해약이라 쓸 때도 있는데 같은 말로 생각하면 된다. 어찌됐건 무해약 또는 저해약 상품은 보험료 산출을 현금흐름(CFP)방식으로 하면서 출시된 상품이다. 현금흐름방식은 다양한 형태의 상품을 개발할 수 있는 방식이라 했고 무해약이나 저해약 상품은 기존 3가지 예정률 외에 상품의 해약률을 보험료 산출에 반영한 상품이다. 즉, 어느 보험에 가입한 사람은 몇 명이 어느 시점에 해약하더라 라는 통계를 보험료 산출에 반영한 것이 무해약, 저해약 상품이다.

이 상품의 일반적인 특징을 보면 보험료를 납입하는 기간에 해약하면 해약환급금이 기존 상품보다 적거나 없지만 기존상품대비 보험료가 저렴하고,

중도에 해약하지 않고 보험료를 모두 납입하면 기존 상품과 같은 해약환급금을 준다. 즉, 해약만 하지 않으면 적게 내고 똑같이 받는다는 의미이므로 해약할 생각이 없는 가입자에게는 솔깃한 제안이라 할 수 있다. 그런데 이런 상품 중 일부에 대해 판매중지 조치가 내려지기도 했고 가끔 대중매체를 통해 향후 문제가 발생할 수 있다는 기사가 나오기도 한다. 지금부터 이것이 어떤 내용인지 얘기해 보도록 하겠다.

좀 전에 무해약(일정 시점까지 해약환급금이 아예 없는 상품), 저해약(일정 시점까지 해약환급금을 적게 주는 상품) 상품을 얘기하면서 보험료 납입이 끝나는 시점까지 해약하지 않으면 회사는 보험료는 적게 받고 적립금이나 보험금은 그 전 상품과 동일하게 준다고 했다. 만약 가입자 모두가 해약하지 않는다면 어떤 일이 생기게 될까? 보험회사 측면에서 보면 보험료는 적게 받고 지급되는 보험금은 먼저와 동일하니 손실이 발생하게 될 것이고 가입자가 많으면 많을수록 그 손해는 확대하게 될 것이다. 이런 형태의 상품은 우리나라에서 처음 개발한 것이 아니라 다른 나라에서 이미 개발해서 판매했던 상품인데 그 중 일부 보험사는 가입자의 해약률이 예측했던 것보다 현저히 낮아져서 결국 파산까지 가게 된 사례도 있었다. 모든 보험회사에 문제가 생겼던 것은 아니지만 예측이 실제와 많이 달랐던 회사는 커다란 경영문제가 발생했던 것이다. 그런데 우리나라에 이런 시장이 과도해지는 조짐이 보이자 판매중지 등의 조치가 있었던 것이며 현재는 각 보험사들도 관리 가능한 수준에서 상품을 개발하는 것으로 필자는 알고 있다.

이런 종류의 상품이 소비자에게 미치는 영향을 보자면 무해약, 저해약 상품은 가입자에게 좋은 기회를 제공하는 것은 사실이나 주의해야 할 내용도 있기에 소비자는 이런 상품을 선택할 때 나의 보험상품 유지 가능성이나 회사의 신뢰성 및 재정안전성 등에 대한 종합적인 고려가 필요할 것이다.

6.6 유병자 보험

유병자 보험이란 질병을 앓고 있거나 앓았던 적이 있는 피보험자가 가입할 수 있는 보험을 의미한다. 이런 상품이 나오기 전에는 질병이 있는 사람은 건강이 보통인 사람에 비해 보험료 할증, 보험금 삭감 등의 불리한 조건으로 보험가입을 하거나 아예 가입을 거절 당하는 경우가 많았다.

하지만 평균수명 증가와 생활환경의 변화로 유병자가 증가하면서 점차 관련 통계도 확보되어 위험을 측정할 수 있게 되었고, 가입자간 형평성을 유지할 수 있는 유병자 만의 보험집단 형성도 가능하게 되었다. 즉, 보험상품 개발을 위한 기본적인 데이터가 확보되면서 시장을 넓혀야 하는 보험회사의 입장과 질병보장의 필요성을 느끼는 병력이 있는 소비자의 이해관계가 맞아 떨어지며 유병자 보험이 출시될 수 있게 되었다. 참고로 유병자 보험은 일반보험 대비 보험료가 비싸지만 보장은 유사하다.

6.7 생명보험 상품

지금부터는 생명보험 고유영역의 상품에 대해 기술해 보도록 하겠다. 즉, 생명보험회사에서만 판매 가능한 상품이란 얘기인데 대표적으로 종신보험, 변액보험, 유니버설보험, 종신지급형 연금보험 등이다.

■ 종신보험

종신보험은 피보험자의 사망을 보장하는 상품이다. 일반적으로 사람이 사망하면 여러 경제적인 문제가 발생한다. 한 가정의 가장, 한 회사의 대표가 사망하는 경우를 생각해 보자. 사망 후 어떤 경제적 문제가 발생하게 될까? 개인마다 비슷한 것도 있지만 다른 것도 있으니 이는 독자의 생각에 맡겨 보겠다. 종신보험은 이런 경제적 문제를 해결하는데 도움을 줄 목적으로 개발된 보험이다. 그런데 보험에서는 사망을 원인에 따라 구분하고 있으며 상품별로 보장하는 사망이 다를 수 있다. 교통사고, 추락 등 외부의 충격에 의한 사망을 상해사망 또는 재해사망이라 하며 암, 심장마비, 폐렴 등 신체 내부의 질병에 의한 사망을 질병사망이라 한다. 그리고 사망원인을 가리지 않고 모든 사망을 지칭하는 용어는 일반사망이라 하는데 종신보험은 일반사망을 보장한다. 즉, 종신보험에서 보장하는 사망은 사망원인을 가리지 않는다는 것이다.(심지어 가입하고 2년이 지난 뒤의 자살도 보장한다.).

여기서 잠시 우리나라 종신보험의 역사에 대해 얘기해 보겠다. 우리나라의 종신보험은 외자계 생명보험회사가 국내에 진출하면서부터 시작되었다. 외국 보험사가 처음 종신보험을 국내에 도입할 때 국내 소비자는 피보험자의 사망을 보장하는 것에 대한 거부감이 있었고 국내 생명보험사도 반신반의 하는 분위기였는데 종신보험의 필요성이 부각된 결정적인 사건이 있었다. 그 내용인 즉 종신보험에 가입하고 1년도 되지 않아 피보험자가 사망하면서 사망보험금 10억원이 지급되었는데 그 때까지 계약자가 납부한 보험료는 2,000만원을 넘지 않은 상태였다. 그 전까지 국내 생명보험사는 저축성 보험, 암보험, 수술, 입원 등을 보장하는 상품을 주로 판매했는데 이런 상품에서는 생각할 수 없는 보험금이 지급된 것이다. 그리고 이 보험금은 전문직 종사자였던 피보험자의 가족에게 커다란 경제적 도움이 됐다. 참고로 보통 전문직 종사자의 가족은 가장에게 전적으로 의존하는 구조이기 때문에 더 큰 도움이 되곤 한다. 이 사건 이후 국내 생명보험사는 종신보험에 대한 시각을 달리하게 되었고, 사망할 때까지 평생을 보장하는 종신보험을 취급하다 보니 자연스럽게 재무설계에 대한 관심도 높아져서 조직원에 대한 대대적인 교육과 지원을 실시하고 상품도 개발해서 종신보험 시장을 활성화하기 시작했고 현재까지 이르게 되었다.

다음은 종신보험의 근본적인 성격에 대해 얘기해 보겠다. 앞서 종신보험은 사망에 따른 경제적 문제를 해결하기 위한 상품이라 했는데 이것을 종신보험의 경제적 가치라 한다. 그리고 종신보험이 다른 금융상품과 비교했을 때 갖고 있는 경제적 가치는 <그림 2-12>와 같이 설명될 수 있다. 종신보험은 사망에 따른 경제문제 해결자금을 가입과 동시에 바로 준비할 수 있는 반면 저축이나 투자의 경우는 시간이 흘러야 가능하다.

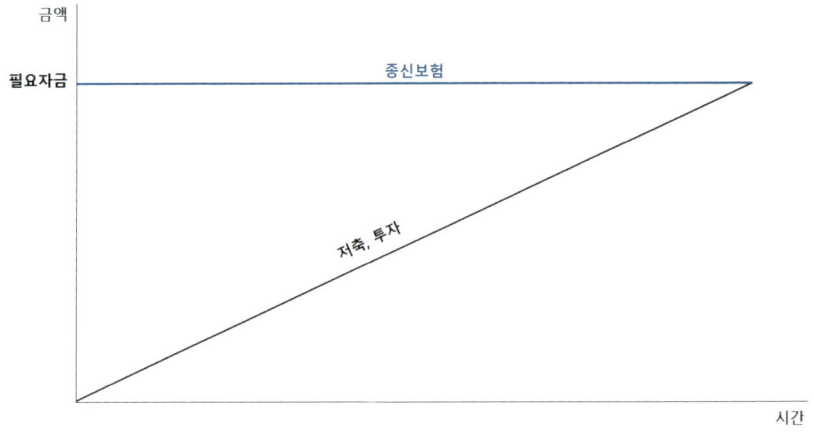

<그림 2-12> 종신보험의 경제적 가치

그리고 종신보험의 경제적 가치를 논하게 된 이유가 사망시 경제적 문제가 생기기 때문이며 대표적인 것이 한 가정의 가장이 사망하는 경우 발생하는 경제적 문제이다. 그럼 여기서 가장의 경제적 가치에 대해 알아보자. 가장을 돈으로 계산해 보자는 것인데 이는 정서에 맞지 않을지 모르겠지만 가정경제에서 가장 큰 자리를 차지하는 가장의 경제적 가치에 대해 미리 측정해 보고 대비하지 않는다면 가정에는 커다란 위협이 될 수 있다.

이렇게 생각해 보자. 매월 500만원을 버는 가장이 있다면 1년이면 6,000만원을 벌 것이다. 그럼 은행 연이자율이 3%라고 할 때 은행에 얼마를 예치해 놓으면 연 6,000만원 이자를 받을 수 있을까? 이자소득세를 고려하지 않으면 20억이다. 그럼 매년 6,000만원을 벌어오는 가장은 은행에 20억을 예금해 놓은 것과 같은 효과라고 얘기할 수 있지 않을까? 그렇다. 가장의 경제적 가치는 생각보다 크고 이 정도 가치의 가장이 갑자기 부재하게 된다면 가정경제에 큰 영향을 미칠 것은 너무도 자명하다. 생각하기 싫은 것이지만 사망은 생길 수 있는 사건이며 언젠가는 현실이 될 일이고 특히 가장의 사망에 대해서는 경제적 대비책도 생각해 봐야 한다. 따라서 이런 사망위험에 대한 대비는 평생을 설계하는 재무설계에서는 빠질 수 없는 고려사항 이기도 하다.

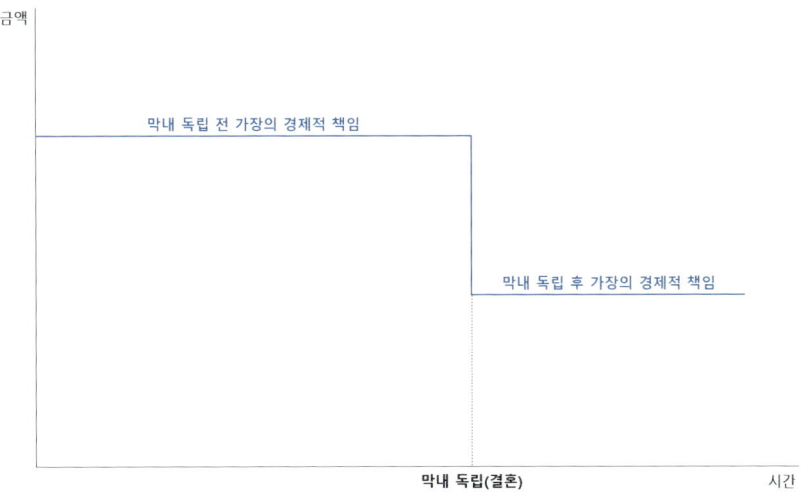

<그림 2-13> 가장의 경제적 가치 변화

그런데 가장의 경제적 가치는 변하게 된다. <그림 2-13>은 가장의 경제적 가치 변화를 그린 그림인데 가장은 막내자녀가 독립하거나 결혼하기 전까지 큰 책임을 지고 있다가 그 이후에는 경제적 책임이 줄어들게 된다.

<그림 2-13>과 같이 일반적으로 막내자녀가 독립할 때를 기준으로 가장의 경제적 가치는 크게 변하게 된다. 따라서 종신보험의 크기도 이에 맞춰 변화를 주게 되면 합리적인 보험료로 인생 전체를 보장하는 종신보험 설계가 된다. 참고로 종신보험 주계약에 정기특약을 함께 설계하면 그림과 같은 설계가 가능하다.

최근에는 좀처럼 개선되지 않는 사망을 보장한다는 것에 대한 소비자들의 거부감을 극복해 보고자 다양한 형태의 종신보험이 선보이기도 했지만 결국 사망을 보장한다는 것을 빼고 종신보험을 말할 수는 없다.

■ 정기보험

정기보험도 종신보험처럼 일반사망을 보장하는 상품이다. 그런데 종신보험은 사망을 종신토록 보장하는 상품인데 반해 정기보험은 사망을 정해진 기간 까지만 보장한다는 면에서 종신보험과 구분된다. 그렇기 때문에 정기보험은 종신보험 보다 보험료가 저렴하다. 예를 들어 사망시 1억을 보장하는 종신보험의 보험료가 20만원이라면 정기보험도 역시 사망시 1억을 보장하지만 정해진 기간인 80세까지만 보장을 하고 보험료는 15만원 이런 형태인 것이다.(숫자는 임의대로 예시한 것임) 그리고 지금 설명한 형태는 기본적인 개념일 뿐이며 실제 시중에 판매 중인 정기보험은 더 다양한 형태로 변화된 경우도 있다.

■ 변액보험

변액보험은 2000년 초반에 우리나라에 도입된 실적배당형 보험이다. 실적배당형 보험이란 계약자가 납입한 보험료의 일부를 펀드로 운용해서 그 결과(실적)를 적립금으로 쌓아두는 보험이란 의미이다.

형태로는 변액종신보험, 변액연금보험, 변액유니버설보험 등 3가지가 기본이며, 이후에 다른 보험(CI보험)도 변액보험 형태로 출시되기도 했다. 그리고 이름에서 알 수 있듯이 변액보험은 전혀 새로운 상품으로 개발된 것이 아니고 기존 보험을 바탕으로 해서 보험료 운용만 다르게(펀드로) 한 상품인데, 보장하는 항목은 기존 보험과 같지만 보험료를 펀드로 운용하다 보니 이로 인해 기존 보험과 확연히 구분되는 특징도 생기게 됐다.

참고로 변액보험은 방금 얘기했듯이 기존 보험과 다른 부분이 있기 때문에 변액보험을 판매하거나 설명하기 위해서는 별도의 자격증 취득을 요구하고 있다. 혹시 변액보험에 대해 설명을 들어야 할 때는 자격증을 보유한 상담사인지 확인해 보는 것이 좋고, 상담사는 의무적으로 자격증을 소비자에게 제시하게 되어 있다.

변액보험은 보험료의 일부가 펀드로 운용되기 때문에 전문적인 투자상품으로 오인되는 경우도 있지만 근본은 보험의 원칙을 따르는 보험상품이다. 따라서 일반적인 투자상품과 구분되는 특징들이 있는데 이를 구분하고 있어야 한다.

① 보험금에 대해서 보증하는 기능이 있다. 원칙적으로 투자상품은 실적배당이기 때문에 어떤 금액을 지급보증 하는 경우는 없다. 하지만 변액보험은 보험금을 지급할 때 투자실적이 좋으면 그 결과대로 지급을 하지만 좋지 않은 경우에는 최저금액을 지급보증 한다.(상품별로 보증하는 내용은 다르다) 투자 이전에 보험의 역할을 충실히 하기 위함으로 해석될 수 있는 내용인데 보증하기 위한 보증비용을 평소 계약자 적립금에서 차감하고 있으며 보증비용이 적절한 수준인지는 소비자가 확인해 봐야 할 것이다.

② 해약환급금은 최저보증 하지 않는다. ①에서 최저보증 한다고 한 것은 보험금 즉, 보험사고가 발생해서 진단, 치료, 사망보험금을 지급하거나 연금을 지급할 때 최저보증을 한다는 것이지 중도에 계약자가 해약을 하거나 적립금을 인출할 때 최저보증 한다는 것은 아니다.

③ 보험금과 적립금이 계속 변동된다. 보험금의 경우 매일 또는 매월 변동되며 적립금은 매일 변동된다. 보험료의 일부가 주식이나 채권에 투자되는 펀드로 운용되기 때문에 당연한 내용이다. 적립금이 지금 올라있어도 다시 떨어질 수 있는 것이고 지금 떨어져 있어도 다시 올라갈 수 있는 것이 변액보험이다.

④ 변액보험은 업계 공통으로 3가지 미래 수익률을 예시할 수 있는 상품이다. 보험회사에서 제시하는 가입설계서를 보면 3가지 수익률별로 보험금을 예시하고 있는데 원칙적으로 투자상품은 미래 수익률을 예시하지 못한다. 하지만 변액보험은 만기가 평생인 경우가 많기 때문에 소비자가 수령가능한 금액을 예측하기가 난해하고 최저보증 하는 금액이 있는 등 일반적인 투자상품과 다른 점이 존재하기 때문에 이해를 돕는 차원의 수익률 예시가 가능한 상품이다. 하지만 이는 예시일 뿐이며 확정된 금액이 아니다.(최저보증 하는 금액은 확정금액이라 할 수 있다)

다른 보험도 그렇지만 특히 변액보험은 가입 이후 계약을 유지하는 과정이 중요한 보험이다. 왜냐하면 적립금과 보험금이 수시로 변동하기 때문에 펀드나 투자를 이해하지 못하는 소비자는 불안감이 수시로 찾아와서 결국 중도에 계약을 해약하는 사태까지 빚어질 수 있기 때문이다. 변액보험에는 가입 이후 적립금을 관리할 수 있는 여러 자산운용 옵션을 제공하고 있다. 회사별로 상품별로 차이가 있을 수는 있는데 보험료 분산투입, 펀드 변경, 펀드 자동재배분, 주식형 적립금 자동이전, 지정 적립금 보증, DCA 등등 여러 가지가 있다. 혹시 변액보험을 가입했거나 가입할 계획이 있는 소비자는 해당 보험사의 콜센터나 상담사에게 변액보험의 펀드를 관리하는 기능에 대해 문의하고 알아 둘 것을 추천한다.

변액보험은 더 많은 보험금을 수령할 기회도 있지만 반대로 투자위험(일반 상품 보다 더 낮은 수익률)도 있는 상품이며 투자상품 특히 펀드에 대한 이해 없이 거래하기에는 적합하지 않은 상품이다. 그래서 가입을 원하는 소비자는 펀드와 마찬가지로 변액보험 적합성을 테스트 받게 규정하고 있다. 따라서 변액보험은 적합성 테스트부터 시작해서 가입 후 매일 변동되는 적립금의 특성을 이해하고 장기로 유지해서 보험금을 수령한다는 마음이 있을 때 거래해 볼 수 있는 상품이라 하겠다.

■ 유니버설보험

유니버설보험은 상품이 아니라 상품의 기능이다. 예를 들어 종신보험과 유니버설종신보험은 모두 종신보험인데 유니버설 기능이 있고 없고 차이가 있는 것이다.

유니버설 기능은 보험료 자유납입, 중도인출, 보험료 추가납입 이렇게 3가지 기능을 합쳐서 부르는 말이다. 먼저 비교적 간단한 중도인출과 보험료 추가납입에 대해 설명해 보겠다.

중도인출은 계약자가 돈이 필요해서 가입한 보험에서 인출을 요청하는 경우 그 시점의 해약환급금 범위내에서 인출해 주는 기능이다. 이는 계약을 해약하지 않고 별도의 이자도 없이 자금을 활용할 수 있는 이점이 있는 반면에 적립금이 줄어들기 때문에 보험금도 줄어들고 인출한 금액을 반환하지 않으면 계약이 해지될 수도 있게 된다. 따라서 중도인출을 하게 되는 경우 향후 계약에 미치게 되는 영향을 확인해 본 뒤 결정해야 한다.

보험료 추가납입은 여유자금이 생기거나 필요할 때 가입한 보험에 추가로 납입(상품별로 납입한도 상이함)해서 돈을 불릴 수 있게 하는 기능이다. 단, 추가로 납입할 때 회사가 비용을 받을 수 있다. 그리고 이는 보장이 아닌 저축 목적으로 하는 것이며 향후 보험금을 수령하거나 만기환급금 또는 중도인출을 받을 때 수령할 수 있는데 세법이나 관련 규정에 의해 한도가 있을 수 있다.

보험료 자유납입은 유니버설 기능의 가장 핵심적인 기능이라 할 수 있다. 먼저 앞에서 설명했던 보험료 구성원리를 생각해 보자. 계약자가 납입하는 보험료는 위험보험료, 저축보험료, 부가보험료(신계약비,유지비,수금비)로 구성되어 있다 했는데 이 중 보험계약을 유지하는데 꼭 필요한 보험료는 위험보험료, 신계약비, 유지비이다. 다시 말하면 최소 이 3가지 보험료만 있으면 보험의 기능을 할 수 있다는 것이다. 보험료 자유납입은 특정 기간(보통은 가입하고 2년)이 지나면 가능한데 이 기간이 지나고 나면 계약자가 보험료를 납입하는지 여부에 관계없이 매월 계약일자에 그 시점의 해약환급금 내에서 이 3가지 보험료를 적립금에서 차감해서 공동준비재산에 투입하기도 하고 비용으로 사용하기도 하는데 이를 월대체보험료라고 한다. 그리고 좀 전에 얘기했듯이 이 기간 이후에는 계약자가 보험료를 납입하는 것과 관계없이 월대체는 매월 계약 해당일자에 처리되기 때문에 이때부터 계약자의 보험료 납입 여부는 자유가 된다. 주의해야 할 것은 자유납입과 납입중단은 다른 얘기이다. 만약 이 시기에 보험료 납입을 하지 않으면 적립금이 늘어나지 않고 매월 월대체는 되기 때문에 시간이 갈수록 적립금이 줄어들게 되며 해약환급금도 줄어들게 된다. 그리고 해약환급금 범위 내에서 월대체를 할 수 없는 수준까지 적립금이 감소하게 되면 2달 뒤에 계약은 해지되고 복구(부활)도 할 수 없게 된다.

이렇다 보니 '자유납입이라는 용어를 일반적으로 해석해서 보험료를 납입하지 않으면 문제가 된다. 그럼 자유납입이라 해도 기존 보험처럼 보험료를 계속 납부해야 한다는 얘기 같은데 그렇게 할거면 이 기능은 왜 만들어 놓은 것일까?라는 의문이 생길 수 있다. 이 기능이 있을 때와 없을 때를 비교해서 생각해 보자.

① 이 기능이 없을 때이다. 즉, 일반적인 형태의 보험일 때이다. 일반적인 보험은 2달 동안 보험료를 납입하지 않으면 계약이 실효(해지)된다. 실효상태에서는 보장이 안된다. 그래서 이 계약을 원상복구(부활) 시키려면 밀린 보험료 전부와 이자를 납입하고 건강상태도 문제가 없다 라는 것을 입증해야 부활이 가능하다.

② 이 기능이 있을 때이다. 보험료 자유납입 기간이 되면 보험료 납입과 관계없이 매월 적립금에서 월대체를 하기 때문에 보험료를 몇 개월 납입하지 않아도 계약이 실효되지 않는다. 그리고 몇 개월 뒤에 보험료 납입이 가능하게 됐을 때 밀린 보험료 전부를 한번에 납입하지 않아도 되고 계획을 세워 자유롭게(보통 1만원 이상 부터) 납입할 수도 있다. 물론 밀린 보험료에 대한 이자성격의 추가적인 비용도 같이 입금해야 한다.(회사 콜센터

에 연락해서 확인 필요함) 그리고 이 기간동안 보장은 계속되고 있는 상태이며 부활을 위한 건강상태 확인 절차도 필요 없다. 즉, 정리하자면 일시적으로 보험료 납입이 힘들어졌을 때 차후 부활을 해야 하는 부담 없이 보장도 계속 받을 수 있도록 보험료 납입에 유연성을 제공해 주는 것이 보험료 자유납입 기능의 도입 취지이다.

생명보험은 장기상품이다. 보험료도 몇 십년을 납입해야 하는 경우가 다반사다. 그러다 보니 중간에 보험료 납입이 일시적으로 어려워질 때가 있을 수도 있고 잠시 자금을 융통해야 할 수도 있는데 이 때 유니버설 기능(3가지)을 활용하면 도움이 될 수 있다. 그런 목적으로 개발된 것이 유니버설 기능이다. 그런데 보험료 납입을 장기적으로 하지 않거나 과도한 중도인출을 해서 적립금을 현저하게 감소시킨다면 결국 계약이 소멸하는 일이 발생할 수도 있다. 따라서 이 기능은 개발했던 원래의 취지에 맞게 활용하는 것이 필요하다.

■ 연금보험(종신지급형)

금융회사에서 판매하는 연금상품 중 적립금 수준과 관계없이 살아있는 동안 계속 연금을 지급하는 종신형 연금은 생명보험 상품만 가능하다. 그리고 생명보험 연금은 종신형 외에 확정형, 상속형, 실적배당형 중에서 소비자가 선택할 수 있다.

각 연금형태의 특징을 알아보자.

① 종신형 연금은 피보험자가 생존해 있는 동안 수익자에게 연금을 지급한다. 말 그대로 종신토록 지급하는 연금이다. 그런데 연금이 개시되고 몇 년 지나지 않아 피보험자가 사망하게 되면 이 경우의 종신은 너무 짧아지게 되고 가입자에게 큰 손실이 발생할 수도 있기 때문에 종신형 연금의 경우 보증지급 기간을 설정하고 있다. 예를 들어 20년 보증형 종신연금이라 했을 때 연금을 개시한지 13년이 지나 피보험자가 사망했다면 보증기간 20년까지 남은 7년간의 연금은 수익자에게 보증지급 한 뒤 연금계약이 소멸하는 것이고, 만약 연금 개시 후 25년 시점에 피보험자가 사망하면 그 시점에 연금 계약은 소멸하게 되는 것이며, 피보험자가 100세를 넘어 생존하고 있더라도 연금이 계속 지급되는 것이 종신형 연금이다. 보증기간은 회사별로 상품별로 상이할 수 있으니 별도의 확인이 필요하다.

② 확정형 연금은 확정된 기간 동안만 연금을 수령하는 형태이며 선택할 수 있는 기간은 상품별로 확인이 필요하다.

③ 상속형 연금은 연금을 개시하는 시점에 쌓여 있는 계약의 적립금으로 이자를 발생시켜서 이자는 연금으로 받고 적립금은 그대로 보존하다가 피보험자가 사망하면 적립금을 상속인에게 상속해 주는 형태이다.

④ 실적배당형 연금은 변액연금보험에서만 선택 가능한 연금형태로서 연금으로 수령하는 경우 펀드실적이 좋지 않으면(원금손실이 발생했다면) 원금 기준으로 연금을 지급하고, 펀드실적이 좋으면 좋은 기준으로 연금을 지급

한다. 그리고 피보험자가 사망하는 경우 그 시점에 남아 있는 적립금을 수령할 수 있다.

더불어 종신형 연금은 연금이 개시된 이후 해약이 불가능하고 다른 형태는 개시된 이후에도 해약이 가능한 것이 보통이다.

6.8 손해보험 상품

다음은 손해보험 고유영역의 상품을 알아보겠다. 지금부터 얘기할 상품은 손해보험에서만 취급이 가능한 상품으로 자동차보험, 화재보험, 배상책임보험 등이 대표적이다. 그리고 손해보험은 가입을 법으로 강제하는 경우도 있고 개인의 개별적 의사를 확인하지 않고 단체에서 일괄로 가입하는 경우도 있기 때문에 가입여부를 잘 인지하지 못하고 있을 수도 있는데 그 만큼 생활에 필수적인 상품을 적지 않게 취급하고 있다고도 볼 수 있다.

■ 자동차보험

자동차보험은 법에 따라 의무적으로 가입해야 하는 책임보험과 개인이 선택할 수 있는 종합보험으로 구분할 수 있다. 그리고 법적인 강제를 생각하지 않더라도 재무설계 측면에서 자동차보험은 필히 가입해야 할 보험이다. 왜냐하면 운전은 개인이 홀로 감당하기 어려운 크기의 경제적 위험을 내포하고 있음에도 불구하고 이를 감수하고 해야 하기 때문이다. 즉, 위험을 회피하지 않고 보유해야 하기 때문에 위험을 축소 또는 전가 시키려는 노력은 필수이다. 위험을 축소시키는 것은 안전운전이 대표적이고, 위험을 전가 시키는 것은 보험가입이 대표적이다.

자동차 사고가 발생하면 민사상 책임과 형사상 책임이 발생하는데 관련법규에서는 운전자에게 본인의 책임이 없다는 것을 엄격하게 증명할 것을 요구하기 때문에 운전자가 책임에서 벗어나기 어렵고 이는 경제적 문제로 직결되기 때문에 교통사고 발생에 따른 위험을 보험에 전가(보험에 가입)하는 것은 운전자 본인과 피해자 모두를 위한 필수적인 조치라 하겠다.

자동차보험은 1장에서 언급한 실손보상을 한다. 즉, 최고 보장한도를 설정해서 상품에 가입한 뒤 실제 사고가 발생하면 그 한도내에서 실제로 발생한 손해를 보상한다. 따라서 보험의 대상이 되는 재산의 가치를 평가하는 것이 중요한데 자동차보험은 차종, 연식, 배기량, 차량 주요옵션 등을 차량가격 설정에 반영해서 최고 보장한도를 설정하고 있으며 차량 운행거리, 블랙박스 및 안전운전에 도움이 되는 객관적인 장치가 있는 경우 보험료를 할인해 주는 조치를 하고 있다.

자동차 사고가 발생하면 재물과 사람 신체에 손실이 생기게 되는데 재물의 경우 상대적으로 손해정도를 측정하기가 수월하나 사람 신체에 대한 것은 복잡한 내용이 있다. 생명보험의 경우 사람 신체에 대한 보장금액이 이미 정해져 있으나 자동차보험(손해보험)은 어떤 사람의 신체에 손해가 발생했는지에 따라 보험금에 차이가 있게 된다. 예를 들어 평소 월 수입이 2,000만원인 사람과 200만원인 사람의 보험금이 다르며, 동일한 수입이 있더라도 나이가 30세인 사람과 60세인 사람의 보험금이 다르다. 수입이 많은 사람과 나이가 어린 사람의 보험금이 상대적으로 더 크다.

■ 화재보험

화재보험은 필히 가입해야 할 보험 중 하나이다. 그렇기 때문에 특히 집합건물에서는 소비자가 잘 인지하지 못하는 상태에서 가입되기도 한다. 이런 이유는 이미 소비자도 잘 알 것이다. 한번 발생하면 대규모 재산상의 피해가 발생하지만 평소 부담이 적은 보험료로 이런 위험에 대비할 수 있기 때문이다.

일반 소비자와는 별 관련이 없을 수 있지만 화재보험의 특징을 하나 소개해 보겠다. 만약 제조공장을 대상으로 한 화재보험을 가입한다 하면 제일 먼저 하는 것이 그 공장에 있는 물건들을 확인한다. 기계는 어떤 종류가 있으며, 원재료나 생산품은 평소 얼마 정도 있는지, 공장은 어떤 자재로 만들어진 것인지, 스프링클러 장치는 있는지 등등 화재가 발생했을 때 피해를 입을 수 있는 물건과 화재에 대비한 장치 등을 확인한다. 그리고 이 내용을 보험료 산정에 적용하게 된다. 혹시 실제로 화재가 발생했을 때 보험가입 당시 파악했던 것 말고 다른 물품이 있었다면 이는 피해액 산출에서 제외될 수 있다는 특징이 있다.

■ 배상책임보험

배상책임보험은 피보험자가 우연한 사고로 타인의 신체에 해를 입히거나, 재산에 손해를 가하게 되어 법률상 손해에 대한 배상책임을 부담해야 할 때를 대비하는 보험이다. 일반적인 배상책임보험도 있지만 전문직 피보험자의 배상책임을 보장하는 전문직배상책임보험도 있다. 또 일부는 의무적(강제적)으로 가입하는 배상책임보험도 있다.

손해배상금액은 사고의 종류나 규모에 따라 천차만별일 수 있으며 한도를 가늠하기 어려운 수준이 될 수도 있다. 따라서 배상책임관련 사고는 개인이 재무적으로 감당할 수 없는 수준의 위험을 내포하고 있는 경우가 많기 때문에 위험관리 중 위험회피나 위험전가를 적극 고려해야 하며 보험(배상책임보험)가입에 대한 검토가 필요하다.

배상책임보험은 종류에 따라 배상한도가 있기도 하고 없기도 하며 비례보상을 하는 경우도 있기 때문에 사전 확인이 필요하다.

참고로 비례보상이라는 것은 동일한 보장내용을 여러 상품(회사가 다른 것도 해당됨)에 중복해서 가입했을 경우 각 상품에 가입한 비율에 따라 손해를 보장한다는 것이다. 예를 들어 총손해가 300만원인 사고가 발생했는데 피보험자가 사고시점에 이 사고를 보상하는 2건의 상품에 가입하고 있었고

A상품에 10을, B상품에 20을 가입했다면 피보험자는 A상품에서 100만원, B상품에서 200만원의 보험금이 지급되어 총 300만원을 보장받는다는 것이다. 그런데 만약 피보험자가 A상품 한 건의 상품만 가입하고 있다면 A상품에서 300만원 전액을 지급받게 된다. 따라서 비례보상을 하는 상품은 중복가입에 따른 이점이 거의 없다.

6.9 제3보험 상품

제3보험은 생명보험과 손해보험이 같이 취급할 수 있는 공통영역의 상품이다. 상품종류로는 상해보험, 질병보험, 간병보험이 있으며 모두 사람의 신체를 보장하는 상품이다 보니 생명보험의 관점에서 보면 이해가 수월하다.

■ 상해보험

상해보험은 외부의 충격에 대해 보장하는 상품이며 급격성, 우연성, 외래성을 동시에 만족해야 한다. 더불어 피보험자의 직업을 위험평가에 반영해서 가입여부 및 보험료 책정에 활용하고 있다. 예를 들어 사무직 종사자 보다는 육체 노동자의 위험도가 높아 육체 노동자의 보험료가 상대적으로 비싸게 되는 식이다. 그리고 가입 이후 직업의 변경으로 위험도에 변경이 생기면 가입한 보험회사에 이를 통보해서 새로운 보험료를 책정해야 한다. 이를 위반하게 되면 보험금 지급이 제한되거나 계약이 해지될 수 있다. 단, 직업이 변경될 때 위험도가 낮아지게 되면 굳이 통보하지 않아도 보장에 문제가 발생하지 않는 것이 보통이다.

■ 질병보험

질병보험은 신체에 발생하는 질병에 대해 보장하는 상품이다. 병원에 입원해야 하는 정도의 사고로 볼 때 질병은 상해 보다 더 많이 발생하고 있으며 특히 사망 및 이에 준하는 수준의 심각한 사고를 기준으로 보면 상해보다 현저히 많이 발생한다. 따라서 질병보험은 상해보험 대비 보험료가 비싸며 특히 나이가 많으면 보험료가 비싸고 가입이 제한되는 경우도 발생하게 된다.

질병보험은 진단, 수술, 입·통원 등으로 구분해서 보장하고 있는데 특히 약관의 내용을 자세히 살펴봐야 한다. 왜냐하면 질병보험에는 소비자에게 익숙하지 않은 질병관련 용어가 많은데 이를 확인하지 못하고 질병 발생 후 보험금을 청구했다가 소비자의 예상과는 다르게 업무가 진행되어 낭패를 보는 경우의 상당부분이 용어의 어려움 때문에 발생하고 있기 때문이다.

보험회사는 약관을 기준으로 보험금을 지급한다. 그렇기 때문에 약관에 있는 질병관련 용어 및 내용을 사전에 잘 확인하고 보험을 가입해야 차후 보험금 수령에서 발생할 수 있는 문제를 최소화 할 수 있다. 다시 한번 강조하지만 질병보험은 약관에서 질병용어를 잘 확인해야 하며 혹시 모르는 내용이 있다면 보험회사나 담당자에게 내용을 확인해 봐야 한다.

■ **간병보험**

간병보험은 평균수명 증가로 노인인구가 많아지면서 필요성이 부각되고 있는 상품이다. 그런데 상품을 개발하는 보험회사 입장에서 보면 보험상품을 개발하려면 보험사고에 대한 통계자료가 있어야 보험료(위험보험료) 산출이 가능한데 현재 간병에 대한 통계는 충분히 확보되지 못한 상태이다. 이유는 우리나라의 노인인구가 지금도 계속 증가하면서 과거에 없던 초고령사회로 진입하고 있으며 관련 통계도 이제 축적되고 있기 때문이다. 그럼에도 불구하고 간병은 국민에게 커다란 경제적 고통으로 이어질 수 있는 것이기 때문에 국가에서는 이미 2000년대에 장기간병제도를 도입한 상태이고 보험회사는 2010년대에 관련 상품을 개발하게 되었다.

상황이 이렇다 보니 간병보험은 다른 보험상품에서 볼 수 없는 위험률변동제도라는 것을 도입하고 있다. 이는 현재 보험상품을 개발하면서 사용한 예측 데이터가 실제 데이터와 큰 차이를 보이면 중도에 데이터 변경이 가능하도록 한 것인데 다른 말로 하면 보험료가 변동될 수 있다는 것으로 해석할 수 있는 내용이다. 하지만 이렇다고 해서 특별히 걱정할 것은 없을 것으로 생각되는데 간병보험은 모두 실제 손해율을 보험료에 반영할 수 있는 갱신형 상품으로 개발되고 있기 때문이다. 어찌됐건 간병보험은 평균수명 증가에 따른 노인인구 증가와 관련된 상품이라 할 수 있고, 2024년 현재 데이터 기준으로는 65세 이상 인구 중 약 10%정도가 치매·간병을 겪는 것으로 확인되고 있다.

■ **실손의료비보험**

실손의료비보험은 일명 실손보험으로 통하는 보험이다. 실손보험은 현재 국민보험으로 일컬어질 만큼 많은 사람들이 가입하고 있는 보험인데 이 보험은 정부에서도 관심을 갖고 있다. 지금부터 실손보험의 상품특징과 관련 내용을 알아보겠다.

실손보험은 최초 손해보험에서 판매하던 상품이다. 그러다 생명보험에서도 이 상품을 취급하게 되었는데, 상품이 서로 다른 부분이 있었다. 하지만 실손보험 보장이 국가의 국민건강보험과 연계되는 부분이 있다 보니 정책의 일관성 등을 위해 회사에 관계없이 동일한 상품을 판매하도록 법으로 규제하게 되었다. 그리고 실손보험은 1세대부터 4세대까지 개정이 있었고 2024년말 현재 5세대 실손보험의 탄생까지 예상하고 있는 상태이다.

그럼 먼저 실손보험의 상품특징에 대해 살펴보겠다. 실손보험에서 보장하는 영역은 <그림 2-14>의 색칠한 부분과 같다.

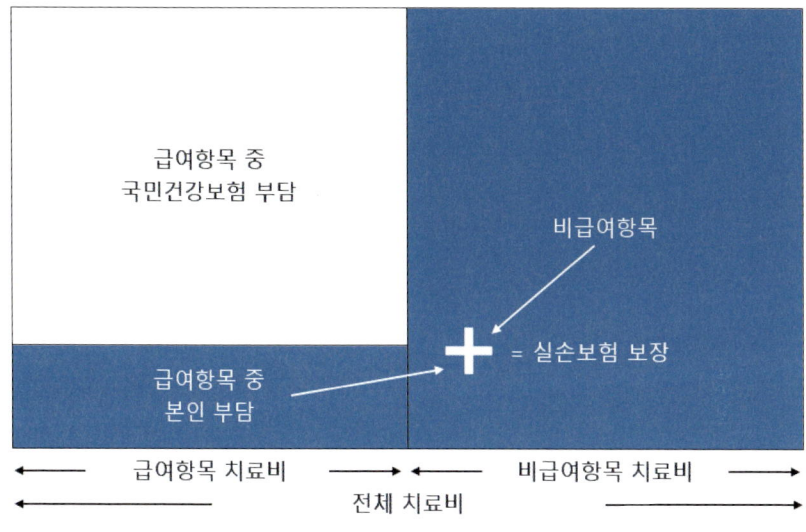

<그림 2-14> 실손보험 보장 영역

이 그림에서 실손보험은 급여항목 중 국민건강보험에서 부담하는 부분을 제외한 나머지 부분(본인 부담 부분)과 비급여항목에 대해 보험금을 지급하는 상품이다. 그리고 시기마다 상품마다 지급하는 보험금의 비율이 치료비의 80%에서 100%로 달랐다. 그리고 상품명에서도 보이듯이 보험금을 지급하는 원칙은 실손보상과 비례보상이 원칙이다. 실손보상은 2장 2.3 보험회사에서 설명한 것을 참조하면 되고, 비례보상에 대해서는 2장 6.8 손해보험 상품 중 배상책임보험 부분에서 설명한 것을 참조하면 된다. 더불어 실손보험은 갱신형 상품이기 때문에 갱신시점에 피보험자의 연령과 상품의 손해율에 따라 보험료가 상승하게 되는데 당연히 수지상등의 원칙이 적용되

어 손해율이 높은 경우 보험료도 상승하게 된다. 참고로 실손보험의 보험료 상승은 사회적 문제로 된 부분도 있기 때문에 세부적인 내용은 뒤에서 별도로 다룰 예정이고 지금은 큰 틀에서의 갱신보험료 상승에 대한 것만 언급해 보겠다.

실손보험은 다른 보장성보험과 비교했을 때 손해율이 높다. 이러다 보니 수지상등의 원칙에 의해 갱신시점에 보험료 상승 폭이 크고 나이가 들 수록 이런 현상이 심화되어 고령기에 접어들면 보험료 납입이 힘들어 질 수 있다는 일각의 주장이 현실화 되면서 갱신형 보험 전체에 대한 부정적인 인식도 만들게 되었다. 하지만 이미 언급했듯이 다른 보험상품의 손해율은 실손보험 수준은 아니어서 걱정을 덜 수 있을 것이며, 실손보험 자체도 개정을 통해 문제가 되는 부분을 해결하려는 노력이 진행되고 있다.

실손보험은 1세대부터 4세대까지 개정을 거쳐왔는데 상품특성으로 구분하자면 1,2세대와 3,4세대로 양분할 수 있다. 이렇게 양분하는 가장 핵심적인 내용은 손해율을 급격하게 올리는 치료에 대해 가입자 전체의 보험료를 올릴 것인지? 해당 당사자만 올릴 것인지? 이다. 1,2세대 실손보험은 보험료 상승 요인이 모든 가입자에게 적용되고, 3,4세대 실손보험은 특정치료에 대해서 치료받은 해당 당사자의 보험료만 인상되게 하는 특징이 있다. 참고로 이 밖에 치료비의 100%를 보장하는 상품도 있고 80%를 보장하는 상품도 있는데 이는 거래하는 보험회사에 문의하면 확인 가능하다.

그럼 1,2세대에는 없던 방식인 특정 개인의 보험료만 변동하는 방식이 왜

3,4세대에는 적용되게 된 것일까? 이는 1,2세대 실손보험 가입자 중 일부가 특정 병원치료를 과도하게 이용해서 전체의 손해율을 급하게 상승시키는 일이 발생했기 때문이다. 여기서 말하는 과도한 치료의 대표적인 것은 도수치료, 비타민주사 등등 이다. 그리고 이런 치료를 받는 가입자가 계속 증가하자 보험료는 더 상승하게 되었는데 문제는 이런 치료를 이용하지 않은 가입자의 보험료도 동반 상승하게 되었고 정작 나이가 들어서 보험이 더 필요해 졌을 때는 가입자 모두의 보험료가 너무 올라 보험을 유지하는데 부담이 될 수 있는 지경까지 된 것이다. 그래서 정상적인 위험대비를 위해 3,4세대 실손보험이 나오게 되었고 이를 좀 더 보완한 5세대 실손보험도 출시가 예상되고 있는 실정이다.

보험은 각 개인이 본인의 필요에 따라 가입하는 것이지만 실손보험과 같은 상품은 정부의 복지정책과 연계되어 장수시대에 국민의 건강한 삶을 지키고자 하는 상품이다. 이 상품이 이런 순기능을 계속할 수 있도록 모두의 지혜가 모여야 할 것이다.

7. 기타 상품

현재 시장에는 디지털에 바탕을 둔 새로운 개념의 상품이 주목을 받고 있는데 코인, NFT 등등이 대표적이다. 그런데 아직은 이들을 금융상품으로 봐야 하는지도 명확하지 않으며 각국의 정책방향도 통일되어 있지 않고 투자 전문가 마다 평가도 다르다.

재무설계는 미래의 삶을 안전하게 하기 위한 설계라는 것을 밝혀왔다. 그런데 이런 디지털 상품은 아직 가치가 확고히 정립되지 않았고 무엇보다 가격 변동성이 너무 커서 재무설계에 적합하지 않기 때문에 본 책에서는 언급하지 않도록 하겠다.

이상으로 은행, 증권, 보험을 대표하는 금융상품에 대해 살펴봤다. 각 상품은 각기 서로 다른 특징을 갖고 있는데 소비자 입장에서는 이런 상품이 조화를 이뤄 각자에게 도움이 되도록 필요한 금융상품을 선택하는 것이 중요하다. 그런데 각 회사의 담당에게 설명을 듣다 보면 듣고 있는 것이 가장 좋아 보인다.

따라서 소비자는 재무설계로 인생의 큰 그림을 그린 뒤 여러 금융상품의 특징과 장점을 알고 나에게 맞는 것을 선택할 수 있는 안목을 키우는 것이 중요할 것이다.

8. 금융상품과 세금

금융상품과 세금은 밀접한 관련이 있다. 비과세 상품, 분리과세 상품, 일반과세 상품 등등 다양하다. 그런데 그냥 세금이라고 하면 너무 막연하다. 세금의 종류는 매우 다양한데 그 중 어떤 세금 다시 말하면 내가 거래하는 금융상품이 어느 세법의 어떤 조항과 관련이 있다는 것일까? 그리고 세금은 비과세나 절세가 되기를 원하는데 그렇게 하기 위해서는 무엇을 해야 하는 것일까? 이런 것에 대한 답을 찾기 위해 세법을 처음부터 공부한다면 아마도 뜻을 이룰 소비자는 거의 없을 것이다. 왜 그런지?는 굳이 얘기하지 않아도 세법책의 두께만 봐도 고개가 끄덕여 질 것이다. 그렇다고 세금에 대해 아는 것을 포기하기에는 세금의 영향이 크다.

이에 필자는 소비자에게 꼭 필요한 세법 2가지를 선별해서 핵심내용을 전달하고자 한다. 첫째는 소득세법이다. 소득세법은 개인의 소득에 대한 과세근거를 열거한 세법이기 때문이다. 둘째는 재산이 일정규모 이상인 사람에게 필요한 상속·증여세법이다. 이 밖에 법인세법, 부가가치세법 등등 여러 세법이 있는데 사업을 영위하는 사람이나 재테크 측면에서 필요한 면이 있으나 본 책의 주제에서 벗어나는 면이 있기도 하고 소비자 모두에게 필요한 사항도 아니어서 더 이상의 언급은 하지 않도록 하겠다. 그럼 먼저 소득세법에 대해 얘기해 보도록 하겠다.

8.1 소득세법 개요

우리나라에는 "소득 있는 곳에 세금 있다."라는 말이 있고, 미국에는 "누구도 죽음과 세금은 피해갈 수 없다."라는 말이 있다. 모두 과세의 필연성을 나타내는 말로 거의 모든 사람은 세금을 납부하게 된다. 그런데 재산의 종류는 매우 다양해서 각각 다른 세법을 통해 과세하게 되는데 그 중 소득에 대한 세금을 먼저 아는 것이 필요하다. 소득은 개인이 얻는 소득과 법인이 얻는 소득으로 구분할 수 있고 우리나라 세법은 개인의 소득에 대해서는 소득세법, 법인의 소득에 대해서는 법인세법을 통해 과세하고 있다.

참고로 소비자는 종종 세금을 납부하고는 그것이 어떤 세금인지 구분하지 않고 세금을 냈다고 얘기하곤 한다. 이렇게 하다 보면 세금은 매번 새롭고 어려운 대상이 되기 쉽다. 그러지 않으려면 '이자소득세를 납부했다' '양도소득세를 납부했다' 처럼 세금의 종류를 구분해서 부르는 습관을 가지면 좋다.

그럼 개인의 소득에 대해 납부하게 되는 소득세(법)에 대해 알아보도록 하겠다. 소득세법은 개인에게 발생하는 아주 다양한 소득의 종류를 크게 3가지, 세부적으로는 8가지로 분류해서 과세규정을 열거하고 있다.

이를 정리하면 <표 2-5>와 같고 소득세법에서 <표 2-5>를 아는 것은 중요한데 이를 통해 소득세법 전체 체계를 이해할 수 있기 때문이다.

소득의 종류		과세기준	주요특징
종합소득	이자소득	1년간 이자소득을 합산	연간 이자소득+배당소득이 2,000만원 이하면 분리과세, 초과하면 종합과세
	배당소득	1년간 배당소득을 합산	
	사업소득	부동산임대소득을 포함해서 여러 종류의 사업소득이 있는 경우 모두 합산	다음해 5월에 종합소득세 신고
	근로소득	근로소득이 있는 개인에 과세	근로소득만 있는 경우 연말정산으로 과세 종결
	연금소득	연금소득(국민연금, 퇴직연금, 연금저축)이 있는 개인에 과세	원천징수를 우선하고 기준금액을 초과하면 종합과세
	기타소득	다른 소득에 해당하지 않는 다양한 소득에 대한 과세	
양도소득		부동산이나 주식 등 재산을 양도하면서 발생하는 소득에 대해 과세	양도시점에 일회성으로 발생하고, 경우에 따라 큰 금액이 과세되기도 함
퇴직소득		퇴직금에 대해 과세	다양한 공제제도가 있어 금액대비 작은 세금 발생

<표 2-5> 소득의 종류와 분류과세

먼저 소득 중 이자소득, 배당소득, 사업소득, 근로소득, 연금소득, 기타소득 6가지 소득은 종합해서 과세하는 것이 기본이기 때문에 통틀어서 종합소득이라 부른다. 여기서 종합한다는 것은 합산 즉 더해서 과세한다는 것이다. 혹시 매년 5월에 종합소득세 신고한다는 얘기를 들어봤을 것이다. 이 말은 방금 얘기한 6개 소득을 합산해서 다음해 5월에 소득세 신고를 한다는 의미이다. 그런데 어떤 소득은 기준을 정해 놓고 그 기준을 넘어야 합산하고

그렇지 않으면 다른 소득과 합산하지 않고 자체적으로 과세하고 종결한다. 이렇게 합산하지 않고 자체 과세 후 종결하는 것을 분리과세라고 한다. 따라서 분리과세는 종합과세와 반대 개념이다.

그럼 <표 2-5>에 있는 소득을 하나 하나 살펴보자. 먼저 첫번째와 두번째인 이자소득과 배당소득이다. 이 두가지 소득은 합쳐서 금융소득이라 부르기도 한다. 이자소득의 대표적인 형태는 은행에 저축해서 받는 이자를 생각하면 되고 이런 이자에 대한 세금을 이자소득세라 한다. 예를 들면 100만원을 저축해서 만기에 110만원을 받았다 하면 이자는 원금 100만원을 제외한 10만원이 된다. 그리고 이자소득세는 이자 10만원에 대해 과세하게 되는데 이자소득세율은 14%이고 이 세율의 10%인 1.4%를 지방소득세로 추가 과세하여 총 15.4%를 과세하게 된다. 따라서 이자10만원X15.4% = ₩15,400은 이자소득세로 납부하고 나머지 ₩84,600을 원금 100만원과 함께 수령하게 된다. 그런데 이자소득세를 세무서에 직접 납부해 본 사람은 없을 것이다. 왜냐하면 만기금액을 받을 때 은행에서 이자소득세를 차감하고 주기 때문이다. 이것은 은행이 이자소득세를 차감해 놓았다가 소비자를 대신해서 세무서에 납부하는 것인데 이런 것을 원천징수라 하고 여기서 은행을 원천징수 의무자라 하며 원천징수 의무자는 세법으로 규정하고 있다. 참고로 종업원이 급여를 받을 때도 원천징수를 하게 되는데 그 때는 회사가 원천징수 의무자인 것이다.

여기서 원천징수에 대해 하나 더 알아 둘 것이 있다. 방금 예를 든 이자에 대한 원천징수를 정확히 표현하면 예납적 원천징수라 하는데 이는 임시로 원천징수 했다는 뜻이다. 앞서 배당소득과 지금 이자소득을 합쳐서 금융소득이라 부른다 했는데 매년 1월1일 부터 12월31일까지 수령한 금융소득금액이 2,000만원을 초과하게 되면 종합소득에 있는 다른 4가지 소득(사업소득,근로소득,연금소득,기타소득)금액과 합산해서 다음해 5월에 종합소득세 신고를 하도록 세법에서 규정하고 있는데 이를 금융소득종합과세라 한다. 그리고 종합소득세 신고를 한다는 것은 최고세율이 지방소득세 포함 49.5%까지 높아질 수 있다는 것으로 원래 이자소득세 원천징수세율 15.4%를 크게 초과하게 된다. 다시 정리하자면 이자를 받으며 원천징수 됐던 이자소득세율 15.4%는 예납적으로 원천징수한 것이고 12월31일이 지나면 1년 동안 받은 이자소득금액과 배당소득금액을 합산해서 2,000만원을 초과하는지 확인해서 그 이하면 원천징수 했던 세율 15.4%를 확정해서 종결(추가 납부할 세금 없음)하고 2,000만원을 초과하면 다른 4가지 소득과 합산해서 소득세를 다시 계산한다. 그리고 다음해 5월에 종합소득세 신고 할 때 원천징수 했던 것과 차이나는 만큼 추가납부해야 한다.

그런데 이렇게만 얘기하면 금융소득종합과세 대상이 되면 납부할 소득세가 급격히 올라가는 것처럼 생각될 수도 있는데 꼭 그렇지 않을 수도 있다. 그리고 다른 소득이 없는 상태에서는 금융소득이 2,000만원을 초과한다 하더라도 추가로 부담하는 세금이 크지 않을 수도 있으니 혹시 대상이 되는 경우 거래하는 금융회사나 전문가에게 확인해 보는 것이 필요하다.(단, 금융소득종합과세 대상자가 되면 세금 이외에 건강보험료 납부나 기타 다른 부분에서 불리한 내용이 있을 수 있으니 이는 별도 확인이 필요하다) 그리고 원천징수를 하는 방법에는 완납적 원천징수라 하여 다른 소득과 합산하지 않고 자체적으로 과세하고 종결하는 경우가 있는데 이것이 위에서 언급했던 분리과세이다.

소득세를 얘기할 때 종합과세와 분리과세는 단어에 함축된 내용이 있고 반복적으로 사용하는 용어이기 때문에 소득세를 이해하는데 꼭 구분하고 있어야 할 개념이라 이자소득과 함께 앞부분에서 다루었다.

다음은 배당소득이다. 배당은 저축해서 받는 이자와 달리 투자한 결과에 따라 받는 것이라 금액이 정해져 있지 않고 변동하게 되는데 어떤 경우는 아예 없을 수도 있다. 배당소득에 적용되는 원천징수 세율은 이자소득세율(15.4%)과 동일한데 금융소득종합과세 대상 2,000만원 여부를 판단할 때 이자소득에는 없는 Gross-up(그로스업)이라는 것이 있다. 간단히 말하면 이중과세가 되지 않게 조정해 주는 장치인데 일반소비자가 세부적인 것을 알기는 어렵고 금융소득종합과세 대상이 예상되고 배당소득이 있다면 12월이 되기 전에 거래하는 금융회사에 관련 내용을 확인해 보는 것이 절세에 유리하다.

8.2 종합소득세 계산방법

다음은 종합소득 중 사업소득에 대해 알아볼 순서인데 이에 앞서 종합소득세를 계산하는 방법에 대해 얘기해 보겠다. 이유는 수년간 종합소득세 신고를 해 본 경험자도 시키는 대로 하거나 맡겨서 신고하는 경우 절세기회가 있었음에도 이를 모르고 지나치는 것을 여러 차례 봤었는데 세법조항만 알고 계산방법을 모르면 절세기회가 왔을 때 이를 알 수 없기 때문이다.

```
  소득(수입)
- 비용
─────────────
  소득금액
- 공제(종합소득공제)
─────────────
  과세표준
× 세율
─────────────
  산출세액
- 세액공제
─────────────
  결정세액
+ 추가납부세액
- 기납부세액
─────────────
  납부세액
```

<그림 2-15> 종합소득세 계산 순서

<그림 2-15>는 종합소득세를 계산하는 순서인데 윗부분에 소득이라는 단어가 보이고 바로 아래 소득금액이라는 단어도 보인다. 소득과 소득금액은 언뜻 혼용해서 사용하기 쉬운 단어이다. 하지만 계산식에서 알 수 있듯이 소득과 소득금액은 엄연히 다르다. 소득금액은 소득에서 비용을 차감한 이

후 금액을 말하는 것이다. 소득은 내가 벌어들인 최초의 금액이며 여기에서 비용을 차감하면 소득금액을 구하게 되는데 비용은 소득을 얻기 위해 필수적으로 들어가는 금액으로 생각하면 된다. 예를 들어 사과즙을 만들어 팔려면 사과를 사서 가공해야 한다. 즉, 생산을 위해 원재료를 구입하게 되는데 이런 원재료비가 대표적인 비용항목이 되고, 종업원에게 임금을 지급하게 되면 사업주 측면에서는 이 또한 대표적인 비용이 된다. 그리고 이렇게 비용으로 처리한다는 것은 세금을 줄이게 되는 것을 의미한다. 이렇듯 소득세법을 볼 때는 소득(수입)이라 하는지? 소득금액이라 하는지?를 구분해서 봐야 한다.

이렇게 소득금액이 구해지고 나면 그 다음은 공제를 하는데 이 공제는 연말정산을 하면서 의료비 영수증, 기부금 영수증, 보험료 납입영수증 등등을 준비하는 종합소득공제를 말하는 것이다. 그리고 종합소득공제는 비용과 마찬가지로 세액을 줄이기 때문에 공제금액이 클수록 절세에 유리하다.

다음으로 소득금액에서 공제를 차감하게 되면 과세표준이 나오는데 이 과세표준에 세율을 곱하면 이제서야 납부할 세금에 가까운 금액인 산출세액을 구하게 된다. 참고로 대부분의 세금은 이렇게 과세표준에 세율을 곱해서 구하게 되는데 특히 조심해야 할 것은 세율은 소득에 곱하는 것이 아니라 과세표준에 곱한다는 것이다. 그리고 지금까지 언급한 내용을 간단히 정리해 보면 소득에서 비용과 공제를 빼고 나온 과세표준에 세율을 곱하면 산출세액이 구해진다는 것이다.

다음은 세율을 곱하는 방법인데 중요한 내용이니 잘 알아 둘 필요가 있다. 그리고 그 전에 소득세율은 <표 2-6>과 같다.

과세표준	세율	누진공제
~ 1,400만원 이하	6%	-
1,400만원 초과 ~ 5,000만원 이하	15%	126만원
5,000만원 초과 ~ 8,800만원 이하	24%	576만원
8,800만원 초과 ~ 1억5,000만원 이하	35%	1,544만원
1억5,000만원 초과 ~ 3억 이하	38%	1,994만원
3억 초과 ~ 5억 이하	40%	2,594만원
5억 초과 ~ 10억 이하	42%	3,594만원
10억 초과 ~	45%	6,594만원

<표 2-6> 소득세율

<표 2-6>을 보면 과세표준이 클수록 세율이 높아지는 것을 볼 수 있는데 이런 세율구조를 누진세라 한다. 그리고 소득세는 구간별 과세를 한다. 방금 한 말에는 중요한 내용들이 있다. 이 말을 풀이해 보자면 누진세는 소득이 많을수록 더 많은 세금을 납부하게 된다는 얘기이며, 구간별 과세를 한다는 것은 과세표준에 세율을 곱할 때 과세표준 구간마다 곱해야 하는 세율이 다르다는 것이다. 구간별 과세 계산 사례를 보자. 과세표준이 7천만원인 사람이 있다면 <표 2-6>에서 24%의 소득세율 구간이다. 그런데 구간별 과세 특징을 모른다면 보통 70,000,000원 X 24% = 16,800,000원 이

렇게 생각하기 쉽다. 하지만 구간별 과세는 다음과 같이 계산한다. <표 2-6>에서 14,000,000원까지는 6%이니 14,000,000 X 6% = 840,000이고, 다음은 14,000,000 ~ 50,000,000구간인데 말 그대로 이 구간의 금액을 계산하면 50,0000,000 - 14,000,000 = 36,000,000이 되고 이 구간의 세액을 계산하면 36,000,000 X 15% = 5,400,000이 된다. 다음은 50,000,000 부터 이 사람의 과세표준인 70,000,000까지의 구간금액은 20,000,000이 되고 세율은 24%이니 4,800,000이 된다. 따라서 산출세액은 840,000 + 5,400,000 + 4,800,000 = 11,040,000원이 된다. 구간별 과세는 이렇게 과세표준 구간별 해당 금액에 해당 세율을 곱해서 구하게 된다. 그런데 <표 2-6>을 보면 누진공제라는 항목이 있다. 이것은 계산의 편의를 위해 미리 구해 놓은 값인데 앞서 과세표준 7천만원인 사람은 산출세액이 11,040,000원이었다. 그럼 이렇게 계산해 보자. 과세표준 7천만원은 24%구간에 해당되니 70,000,000 X 24% = 16,800,000에 누진공제 5,760,000원을 빼면 11,040,000원이 나온다. 바로 좀 전에 구간별 계산을 했던 산출세액과 동일한 값을 편하게 구할 수 있다. 누진공제는 계산에 편하긴 하지만 구간별 과세 특징을 이해하는데 도움이 되지는 않는다.

참고로 어떤 금융상품을 설명하면서 소득공제 대상이다 또는 세액공제 대상이다 이렇게 설명하는 것을 들어봤을 것이다. 이건 무슨 말일까? <그림 2-15>를 보면 소득공제라는 말은 소득금액 밑의 종합소득공제에서 보이고, 세액공제라는 말은 산출세액 밑에 보인다. 둘 다 공제를 하기 때문에 세금이 줄어드는 역할을 하게 되는데 소득공제는 세율을 곱하기 전에 공제하고 세액공제는 세율을 곱한 후에 공제한다. 두 방식은 개인의 소득수준에 따라 공제효과가 다른데 소득이 높은 사람은 소득공제 방식이, 소득이 낮은 사람은 세액공제 방식이 유리하다 할 수 있다.(연금저축에서 추가 언급함) 그리고 산출세액과 세액공제(연금저축과 같이 세액공제를 해주는 상품에 납입한 실적이 있을 때 가능) 이후에는 이미 원천징수 했던 것과 비교해서 추가로 납부해야 할 세금은 더하고 과도하게 납부한 세금은 빼 주는 작업을 한 뒤 최종 계산결과에 지방소득세 10%를 더한 값과 이미 납부한 세금을 비교해서, 납부한 세금이 부족하면 추가로 세금을 납부하고 더 많이 납부했다면 환급해 주는 조치를 하면 소득세 납부는 끝나게 된다.

8.3 연금저축

사적연금(개인이 금융회사에 가입하는 연금)은 각 개인의 노후복지 증진을 위해 출시된 금융상품이며 국가의 국민연금(공적연금), 기업의 퇴직연금과 함께 노후연금의 한 축을 담당하고 있다. 이런 사적연금은 세액공제를 받을 수 있는 연금과 그렇지 않은 연금으로 분류할 수 있다. 그 중 세액공제를 받을 수 있는 연금저축은 복잡한 세제상 특징을 포함하고 있는 상품이며 소비자의 관심을 받고 있기도 하다. 지금부터 연금저축의 세제상 특징에 대해 알아보자.

연금저축은 은행, 증권, 보험이 모두 판매할 수 있는데 적용되는 세법은 모두 동일하고, 각 금융회사 특성이 반영되어 상품내용만 다르다. 상품의 다른 점을 보면 먼저 명칭에서 은행은 연금저축신탁, 증권은 연금저축펀드, 보험은 연금저축보험이라 부르는데 상품명에 나와 있듯이 납입된 돈을 운용하는 방식이 서로 다르다. 또 연금을 지급할 때 10년, 20년 등등 확정된 기간 동안 연금을 지급하는 것이 기본이지만 생명보험 연금저축은 확정기간 뿐 아니라 종신형 연금도 선택 가능하다.

연금저축 관련 세법은 소득세법(시행령)에서 규정하고 있다. 그리고 복잡한 내용이 많기 때문에 상품 가입단계, 유지단계, 지급단계로 구분해서 각 단계별 적용 세법에 대해 알아볼 것인데 세법이 수차례 개정되면서 가입 시기마다 적용되는 세법이 다르기도 하다. 따라서 일단 2024년 현재 기준으로 기술해 보겠다.

구분		세액공제율 (자방소득세 포함)	세액공제 연 한도금액		세액공제액	
			50세 미만	50세 이상	50세 미만	50세 이상
근로자 (소득 기준)	5,500만원이하	16.5%	400만원	600만원	66.0만원	99.0만원
	1억 2,000만원 이하	13.2%			52.8만원	79.2만원
	1억 2,000만원 초과	13.2%	300만원		39.6만원	
사업자 (소득금액 기준)	4,000만원 이하	16.5%	400만원	600만원	66.0만원	99.0만원
	1억 이하	13.2%			52.8만원	79.2만원
	1억 초과	13.2%	300만원		39.6만원	

<표 2-7> 연금저축 세액공제 기준

가입단계에 적용되는 소득세법은 납입하는 금액에 대해 세액공제가 된다는 것이다. 세액공제에 대해서는 앞서 8.2 종합소득세 계산방법에서 언급했듯이 산출세액에서 공제를 해주는 것이다. 세액공제율은 <표 2-7>을 보면 근로자와 사업자 및 소득(소득금액)수준에 따라 다르게 적용하고 있다.

유지단계에 적용되는 세법은 2가지로 구분할 수 있다. 먼저 납입하는 금액에 대해 매년 세액공제를 하는 것과 혹시 중도에 상품을 해지하게 되면 해지된 금액을 기타소득으로 분류한 뒤 16.5%(지방소득세 포함)로 분리과세 하는 것이다. 이 중 해지할 때 기타소득은 종합소득 중 한 소득이기 때문에 다른 소득과 합산해서 종합과세 하는 것이 원칙(과거에는 그렇게 했음)이지만 현재는 분리과세 하기 때문에 다른 소득과 합산하지 않고 16.5%(지방소득세 포함)로 과세하고 종결한다.

마지막으로 지급단계에서 적용되는 세법을 보자. 지급단계에서는 세금을 납부하는 단계라 할 수 있다. 그리고 연금저축에서 지급하는 방법은 일시금을 한번 지급하는 것(상품을 해지하는 것)과 연금으로 지급하는 것 2가지다. 만약 소비자가 일시금으로 받는 방법을 선택하면 중도에 해지하는 것과 마찬가지로 받는 금액을 기타소득으로 분류하고 16.5% 분리과세 한다. 그러나 연금으로 받는 다면 매년 받는 금액을 연금소득으로 본다. 연금소득은 종합소득의 한 종류이고 매년 받는 연금액이 기준을 초과하는 경우 다른 소득과 합산해서 종합과세 한다. 그 기준은 퇴직연금과 연금저축을 합한 1년 수령액이 1,500만원을 넘는지 여부다. 즉, 1년간 수령한 연금이

1,500만원을 초과하면 다른 종합소득과 합산해서 소득세 신고를 해야 하니 누진세 구조인 소득세 체계에서는 불리해 질 수 있다. 그러나 1,500만원 이하라면 합산하지 않고 원천징수한 것으로 종결하는데 원천징수는 55세~70세는 5.5%, 71세~80세는 4.4%, 81세부터는 3.3%이며 종신형 연금을 선택하는 경우는 방금 얘기한 원천징수 세율과 4.4% 중 선택이 가능하다.

지금까지 얘기한 것을 정리해 보면 연금저축은 납입하는 금액에 대해 세액공제를 받는다. 하지만 연금 외의 방법(중도에 해지하거나 일시금으로 받는 경우 등)으로 수령하는 경우 16.5% 분리과세 하고, 연금으로 받을 때는 5.5% ~ 3.3%로 원천징수 하지만 퇴직연금과 합산한 매년 수령 연금액이 1,500만원을 초과하는 경우 종합과세 한다. 즉, 가입해서 돈을 납부하는 동안은 세액공제 받지만 차후 수령할 때는 세금을 납부하는 구조이다.

지금까지 2024년 현재 기준 연금저축과 관련된 세법을 살펴봤는데 언급했듯이 세법은 지금까지 수차례 개정이 있었고 연금저축은 가입할 당시의 세법으로 계약이 소멸할 때까지 계속 적용된다. 그런데 이미 연금저축을 가입한 소비자가 과거의 세법을 찾아보는 것에 어려움을 겪는 것을 종종 봤기에 연금저축 관련 세법의 변천사를 다음과 같이 요약 정리해 본다.

① ~ 2000.12.31 까지 가입한 개인연금저축

2000.12.31까지 가입한 연금저축의 명칭은 개인연금저축이다. 개인연금저축의 주요특징을 정리하면 1) 납입금액의 40%(72만원 한도) 소득공제 2) 중도해지하는 경우 해지금액의 22%를 기타소득으로 과세 3) 연금 외의 방법

으로 수령하는 경우 이자소득세 과세 4) 연금으로 수령하는 경우 보험차익 비과세(이자소득세 비과세)

② 2001.01.01 ~ 2012.12.31 가입한 연금저축

2001년부터 몇 년간 연금저축의 명칭은 신개인연금저축이라고 불리기도 했지만 그 이후는 현재와 같이 연금저축으로 변경됐다. 이때 가입한 연금저축은 다음과 같은 특징이 있다. 1) 납입금액(한도 : 250만원에서 400만원까지 상승) 소득공제 2) 중도해지하는 경우 해지금액의 22%를 기타소득으로 원천징수 3) 연금 외의 방법으로 수령하는 경우 수령금액의 22%를 기타소득으로 원천징수 4) 연금으로 수령하는 경우 공적연금+퇴직연금+연금저축의 연간 수령금액이 900만원이하인 경우 5.5% 연금소득세로 과세하고 900만원을 초과하는 경우 종합과세

③ 2013.01.01 ~ 2023.12.31 가입한 연금저축

2013년 소득세법 개정에서 연금저축은 적잖은 변화를 하게 되었다. 1) 납입금액(400만원 한도가 기본이나 특례조항으로 600만원 한도를 적용하는 경우 있음)의 13.2% 또는 16.5%(지방소득세 포함)를 세액공제 2) 중도해지하는 경우 해지금액의 16.5% 기타소득세 과세(분리과세) 3) 연금 외의 방법으로 수령하는 경우 16.5% 기타소득세 원천징수(분리과세) 4) 연금으로 수령하는 경우 퇴직연금+연금저축의 연간 수령금액이 1,200만원 이하인 경우 5.5% ~ 3.3%(70세까지는 5.5%, 71세~80세 4.4%, 81세부터는 3.3%) 원천징수하고 1,200만원을 초과하는 경우 종합과세

④ 2024.01.01 ~ 가입한 연금저축

이전과 달라진 부분은 연금으로 수령하는 경우 퇴직연금+연금저축의 종합과세 기준금액이 연간 1,200만원에서 1,500만원으로 상향 조정됨.

8.4 세제적격 연금과 세제비적격 연금

생명보험회사에서 판매하는 연금은 세제적격 연금과 세제비적격 연금으로 구분된다. 세제적격 연금은 앞선 8.3 연금저축에서 본 연금저축보험을 말한다. 그럼 세제비적격 연금은 어떤 상품일까? 이는 세액공제가 되지 않는 연금보험을 말하는데 생명보험에서는 통상 연금보험이라 부르는 상품이다. 세제비적격 연금보험은 세액공제 대상은 아니지만 소득세법 시행령 제25조에 규정되어 있는 저축성보험의 보험차익 비과세 규정이 적용된다. 보험차익 비과세 관련 소득세법은 특히 2013년과 2017년에 큰 변화가 있었는데 이를 소비자가 모두 알기는 어려운 일이고 자체적으로 판단하기에는 오류 발생 가능성도 높다. 따라서 저축성 보험(연금보험이나 저축보험)을 신규로 가입하는 경우나 이미 가입했는데 비과세 가능 여부를 확인하고 싶다면 보험회사 담당자나 콜센터에 연락해서 문의하는 것이 좋고, 가능하면 2군데 이상 문의해 보는 것도 괜찮을 수 있다. 내용이 어려워서 실수가 있을 수 있기 때문이다.

8.5 증여세법, 상속세법

잘 알다시피 증여는 살아서 주는 것, 상속은 사망해서 주는 것을 말한다. 증여에서 주는 사람은 증여자 받는 사람은 수증자라 하며, 상속에서 주는 사람(사망한 사람)은 피상속인 받는 사람은 상속인이라 한다. 그리고 증여와 상속은 무상으로 자산이 이전된다는 공통특징을 갖고 있는 법률상의 행위이며 관련된 자(者)의 권리와 의무는 민법에서 확인이 가능하다. 하지만 관련 세금은 당연히 세법에서 규정하고 있다.

증여나 상속에서 가장 먼저 확인해야 할 것은 관련된 사람들을 확인하는 것이다. 즉, 주는 사람이 누구이고 받는 사람은 누구인지를 특정해야 한다는 것이다. 그 다음은 신고할 재산을 확정(파악)하고 가격을 평가해서 과세관청에 신고한 이후 세금을 부과 받은 뒤 재산을 분배하고 세금을 납부하면 된다.

그런데 재산은 매우 다양한 형태로 존재할 수 있다. 이중 증여의 경우는 보통 증여자의 여러 재산 중 한가지를 증여하기 때문에 가격 산정이 비교적 간단하지만 상속의 경우는 피상속인의 모든 재산을 파악해야 하기 때문에 체계적인 분류가 필요하며 보통은 금융, 부동산, 부채, 기타재산 4가지로 분류하면 된다. 그리고 과세관청에 재산가격을 신고할 때는 시가로 신고하는 것이 원칙이다. 즉, 실제 거래되는 가격으로 신고를 해야 한다는 것인데 재산의 특성상 이를 파악하기가 힘든 경우도 있다. 그런 경우 감정평가, 비상장주식의 가격 평가, 부동산 공시지가 활용 등등의 방법이 사용되기도 한다. 하지만 이렇게 하더라도 차후 시가가 확인되면 다시 세금을 산정하기도 한다. 이런 절차를 거쳐 신고를 하면 과세당국에서 확인 후 증여세나 상속세를 부과하게 되고 증여는 수증자가 상속은 상속인이 세금을 납부하게 된다.

증여세나 상속세는 일부 사람에게만 해당되는 세금으로 생각되어져 왔다. 하지만 최근 주택가격이 상승하면서 향후 상속세 과세대상이 많이 늘어날 것이라는 예측이 나오고 있다. 그러나 이에 맞춰 상속세 개편주장도 힘을 받고 있는 실정이다. 따라서 증여세나 상속세 관련 해서는 세부사항을 기술하기 보다는 2024년 현재 기준으로 공통적으로 중요한 몇가지만 알아보도록 하겠다.

① 배우자가 생존해 있다면 10억까지는 상속세가 없다.

② 상속세나 증여세는 누진세 구조여서 재산이 많을수록 세금 증가 효과가 커지고 세율은 10%부터 최고 50%다.(최대주주는 60%)

③ 일반적으로 절세를 하기 위해서는 상속과 증여를 동시에 활용하는 것이 효과적이다.

④ 상속세나 증여세에 관련해서 사전 납세대책이 없으면 자금마련에 고통을 겪고 재산의 손해로 이어질 가능성이 높다. 따라서 납세대책을 사전에 준비해 놓는 것이 재산을 지키는 길이다.

상속과 증여는 전문가의 조력이 필요하다. 이 부분의 계획이 필요하다면 믿을만한 전문가를 찾아 세부사항을 논의해 봐야 한다.

이상으로 2장을 마치고자 한다. 다시 한번 안내하지만 본 책은 재테크를 위한 책이 아니다. 본 책은 재테크를 하기 전에 필요한 재무설계를 다루고 있기 때문에 이것에 집중하고 있는 것이며 이 부분이 잘돼 있다면 재테크를 통해서 얻는 이익 보다 더 큰 이익이 생길 것으로 기대한다.

3장. 재무설계와 금융상품 매칭(Matching)

이 책은 1장에서 재무설계의 필요성과 방법 그리고 2장에서는 금융상품에 대해 알아봤다. 이번 3장은 1장의 재무설계 내용에 2장의 금융상품을 어떻게 매칭하는 것이 미래에 대한 재무준비를 잘하는 것인가에 대해 시연을 통해 알아보려 한다.

그리고 시연은 1장에서 예로 들었던 서민층 가정의 재무설계를 바탕으로 할 것이다. 더불어 독자 본인의 재무설계는 어떻게 할 것인지 생각해 볼 수 있게 내용을 전개할 것이며, 중산층과 자산가층에 대한 재무설계도 얘기해 보도록 하겠다.

1. 가장의 경제적 가치와 재무설계

서민층 재무설계를 시연하기 전에 가장에 대한 얘기부터 해 보겠다. 앞서 2장의 6.7 생명보험상품 중 종신보험에 대한 얘기를 하며 가장의 경제적 가치를 계산해 봤었다. 여기서 연봉 6,000만원인 가장의 경제적 가치는 20억 정도였다. 한 가정의 가장은 남편 혹은 부인 아니면 다른 사람일 수도 있는데 가장이 매월 벌어오는 금액만 생각해 보면 그렇게 커 보이지 않을 수 있던 가장의 경제적 크기는 생각보다 많이 컸었다. 이러다 보니 여러 이유로 해서 가정에서 가장의 수입이 끊기게 된다면 가정이 겪게 될 경제적 문제는 심각할 수밖에 없다.

따라서 재무적으로 안정된 삶을 설계하는 재무설계에서 가장과 같은 경제적 가치를 갖고 있는 대상에 대해 특별한 고려를 하는 것은 당연하며, 가장에 대한 고려를 한다는 것은 가장에게 발생하는 모든 변화를 측정하고 예측해서 그 중 가정경제에 영향을 미치게 되는 요소에 대해 적절한 사전 대응을 해야 한다는 것을 의미한다. 예를 들어 가장에게 발생하는 경제적 변화를 보면 취업, 승진, 중도 퇴사, 퇴직, 창업, 은퇴 및 신체적 위험을 생각할 수 있다. 이 중 신체적 위험은 큰 사고나 질병으로 병원에 오래 입원하는 일이 생기거나 혹시 사망하는 경우 가장의 수입이 단절되기 때문에 결국 가정에는 경제적 위험이 된다.

따라서 이런 부분에서 재무설계가 해야 하는 것을 말해 보자면 가장이 벌어온 수입을 효율적으로 자산배분 하고 각종 재정적 위험이 될 요소에 대해 사전대비 하는 것이라 할 수 있다. 그리고 가장이 벌어온 수입을 효율적으로 자산배분 하기 위해서는 미래의 현금흐름을 확정해 놓아야 하며, 미래의 현금흐름을 확정하는 것은 인생의 5대 생활자금을 계산하는 것에서 시작해 볼 수 있다. 또한 각종 재정적 위험이 될 요소에 대비하기 위해서는 평소 직업능력 개발 등 개인의 발전에 소홀히 하지 않아야 하고 신체적 위험에 대비하기 위한 보험제도 활용이 필요하다. 복잡하다.

다시 정리하면 재무설계는 먼저 인생의 5대 생활자금을 계산해 보고 각각의 생활자금을 준비하는데 활용할 금융상품을 선정하고 거기에 맞춰 가정(가장)의 수입과 보유자산을 배분해서 미래의 현금흐름에 대비하는 것과 미래에 발생할 수 있는 재무적 위험을 예측해서 대비하는 것인데 이것이 재무설계를 하는 순서이기도 하다.

2. 서민층 재무설계 사례

서민층은 앞서 1장에서 한 가정을 예로 들어 인생의 5대 생활자금을 중심으로 필요자금을 계산해 봤다. 이 내용을 다시 환기해 보면 남편 35세, 부인 31세, 자녀(딸) 3세인 가정이었으며 향후 필요한 5대 생활자금을 각 항목별로 정리해 보면

① 가정의 생활자금

　400만원x12개월x27년 = 12억9,600만원

② 노후생활자금

　10억7,520만원(부부)+2억736만원(부인 홀로) = 12억8,256만원

③ 자녀 교육·결혼자금

　교육비 2억3,040만원+결혼자금 1억5,000만원 = 3억8,040만원

④ 주택자금 : 1억+3억 = 4억

⑤ 비상예비자금 : 1,500만원 이었다.

여기서 이 가정의 재무설계를 위한 중요한 출발점 하나를 얘기해 보겠다. 자산배분에 관한 것이다.

5대 생활자금을 보면 당장 필요한 자금이 있고 한참 뒤에 필요한 자금도 있다. 이렇게 특성도 다르고 시기도 다른 자금을 준비하는 계획은 어떻게 세워야 할까?

첫번째 생각해 볼 수 있는 방법은 곧 닥치면서 큰 돈이 들어가는 것 먼저 해결하고 나중에 필요한 것은 그 때쯤 가서 준비하는 것을 생각해 볼 수 있다. 예를 들어 주택을 구입하는 것은 몇 년 안에 닥치는 일이고 일시에 목돈도 필요한데다 가격도 계속 오르는 것 같으니 당장 들어가는 필수적인 자금을 제외한 나머지 자금은 모두 주택을 구입하기 위한 자금으로 사용하고 그 이후 여유가 있으면 다른 생활자금을 준비하는 형태이다.

두번째 방법은 5대 생활자금은 모두 필수적인 자금이기 때문에 현재 나의 자산을 배분해서 5대 생활자금 모두를 지금부터 함께 준비하는 것이다.

두가지 방법 중에 어떤 것이 좋은 방법일까? 이미 자산배분을 해야 한다고 얘기해 놓고 뻔한 것을 물어보는 이유가 있다. 일단 어떤 것이 더 좋은 결과를 낳을지는 모른다. 왜냐하면 향후 이자율, 투자수익률 그리고 미래에 어떤 변수들이 생길지 모르기 때문이다. 하지만 재무설계 차원에서 답을 찾자면 두번째가 정답이다. 그러나 현실에서는 첫번째 방법을 선택하는 경우가 더 많기 때문에 이런 질문을 해 본 것이다.

첫번째 방법이 좋지 않은 이유는 확실한 기회 한가지를 포기해야 되기 때문인데 바로 복리와 장기투자 기회이다. 복리도 그렇고 장기투자도 그렇고 오랜 시간이 있어야 효과가 극대화되는데 첫번째 방법처럼 하면 집을 마련하기 위해 모든 자원을 집중해서 집을 마련하자마자 자녀 교육비와 결혼자금을 준비해야 하는 시간이 오고 또 바로 본인의 노후자금을 준비해야 하는 순서가 기다리고 있다. 즉, 5~10년 단위로 모은 자금을 다 사용한 뒤 새로 자금을 모아야 하기 때문에 복리효과나 장기투자 효과를 기대하기 어렵게 된다. 더불어 불확실한 결과를 위해 확실한 장점을 포기해야 하니 손해 볼 가능성을 높이는 결정이라 하겠다.

그럼 두번째 방법인 자산배분이 좋은 방법이라고 하는 이유는 무엇일까? ① 5대 생활자금 별로 자산을 배분해서 운용하기 때문에 노후생활비나 자녀 독립자금을 마련하기 위해서는 금융상품을 몇 십년 거래해야 하니 자연스럽게 복리효과나 장기투자효과를 볼 수 있어서 수익창출에 유리하다. ② 1986년 미국 연기금의 장기 자산운용 성과를 연구한 BHB연구라는 것이 있다. 이 연구 결과의 핵심을 말하자면 연기금 성과의 90%이상이 자산을 배분한 뒤 자산운용에 적극 개입하지 않은 것에서 창출됐다는 것이다. 좋은 상품을 고르고 적극적으로 자산을 운용하는 노력이 전체성과에 미친 영향은 10%도 되지 않는 것으로 측정됐다. 개인의 자산운용이 연기금 규모와 비교할 바는 아니지만 이 연구가 시사하는 것은 투자성과에서 장기적인 자산배분이 중요하다는 것이다. ③ 재무설계를 할 때는 재산을 최대한 불리는데 따르는 위험을 감수하는 것보다 위험이 관리된 수익을 추구해서 안정적인 삶이 될 수 있도록 해야 한다 했고 그런 측면에서 봤을 때 자산배분이 적합한 방법이다. 단, 이렇게 5대 생활자금을 동시에 준비하려면 주택구입 시기를 몇 년 늦추는 계획조정이 필요할 것이다. 다행히 우리나라에는 전세제도가 있기 때문에 상대적으로 적은 비용으로 주택구입시기 조절이 가능하다.

이와 같은 이유로 재무설계에서는 자산을 배분해서 개인의 여러 재무목표를 달성할 수 있는 종합적 계획을 세워야 한다는 것을 말하고 있다.

그럼 다시 본론으로 돌아와서 5대 생활자금 준비에 대한 얘기를 해 보겠다. 1장에서는 필요자금만 계산했는데 여기서는 준비자금을 찾아서 필요자금 – 준비자금 = 부족자금을 계산할 것이다.

그리고 앞서 얘기한 5대 생활자금 필요자금을 한번에 요약해 보면 <그림 3-1>과 같다.

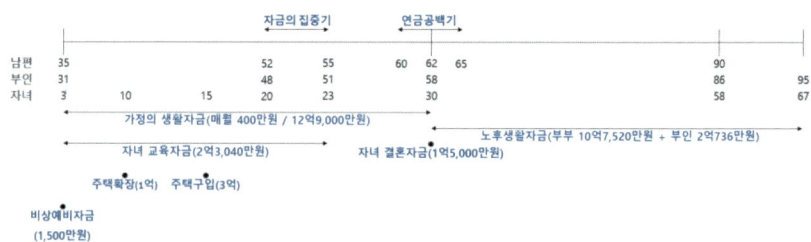

<그림 3-1> 5대 생활자금 내역

그리고 이 가정의 준비자금 및 보유자산은 <표 3-1>과 같다.

<단위 : 만>

구분	월수입	예금	주식	부동산	대출	국민연금	퇴직연금
남편	500	5,000	1,000	30,000 (전세자금)	8,000	200	100
부인	300					120	60

<표3-1> 준비자금 및 보유자산

더불어 준비자금 중 일시적 자금이 아닌 매월 발생하는 수입의 미래 현금흐름은 <표 3-2>를 참고하면 된다.

구분				남편퇴직		자녀독립		부인퇴직	
연령	남편	35	59	60	61	62	63	64	65	69
	부인	31	55	56	57	58	59	60	61	65
	자녀	3	27	28	29	30	31	32	33	37
남편	월수입	500								
	퇴직연금					100				
	국민연금								200	
부인	월수입		300							
	퇴직연금							60		
	국민연금									120
월수입 계		800			400			160	360	480

<표 3-2> 준비자금 중 매월 수입 현금흐름

이중 대출은 현재 잔액이 8,000만원이고 앞으로 8년 동안 매월 원리금 100만원을 상환해야 하며, 국민연금은 65세부터 수령 가능하며 현재가치 기준 금액이다.(참고 : 표에서 제시한 국민연금액은 가상으로 설정해 본 금액이며 개인의 실제 국민연금액은 국민연금공단(www.nps.or.kr)에서 확인 가능

함) 그럼 지금부터 <그림 3-1>의 필요자금과 <표 3-1>의 준비자금을 참고해서 부족자금을 계산하고, 활용가능한 자산으로 부족한 5대 생활자금을 메울 수 있도록 자산을 배분하고 여기에 활용할 적절한 금융상품은 어떤 것이 있는지 찾아보자.

① 가정의 생활자금

● 필요자금

남편 61세까지(막내 독립까지) 매월 400만원. 남편은 60세 퇴직.

● 준비자금

<표 3-2> 현금흐름을 보면 남편 퇴직 전까지는 매월 수입 800만원에서 400만원 사용하고, 60~61세는 남편의 퇴직연금과 부인의 월수입으로 400만원 충당.

● 부족자금

현재 예상으로는 부족자금 없음. 남편이 60세 퇴직했다 하더라도 퇴직연금과 부인의 월수입으로 가정의 생활자금 충당 가능.

● 부족자금을 해결하기 위한 금융상품

이번 사례에는 부족자금이 발생하지 않았지만 다른 사례에서 부족자금이 발생하면 다음과 같은 금융상품을 고려해 볼 수 있음.

<고려해 볼 수 있는 여러 금융상품들>

- 은행 -

MMDA, MMF, CMA 등을 활용함.

(해설 : 매일 사용하는 생활비이기 때문에 수익성 보다는 수시입출금이 가능하고 안전해야 한다. 따라서 은행창구에서 가입 가능한 MMDA, MMF, CMA 등을 활용하면 이런 목적에 맞고 매일 소액의 이자도 받을 수 있다.)

- 증권 -

MMF, CMA 등을 활용함.

(해설 : 증권회사는 방문할 수 있는 고객창구가 은행 대비 부족하지만 인터넷으로 거래하기 때문에 별 제약은 없다.)

- 보험 -

MMT 활용

(해설 : 보통은 보험회사 고객창구에 방문해서 계좌를 만들어야 하며 보험상품이 아니고 MMF와 같은 개념의 상품이다.)

● 기타

생활비 통장에 잔고가 많이 쌓여 있으면 자금운용이 잘되지 않고 있는 것이기 때문에 관리가 필요함. 하지만 적정수준의 잔고는 갖고 있어야 하며 5대 생활자금 중 비상예비자금은 별도의 계좌로 관리 되어야 함.

②노후생활자금

● 필요자금

62세 이후 매월 320만원(현재가치 기준) 필요

● 준비자금

<표 3-2>를 보면 남편이 64세인 1년간을 제외하고 62세 이후 부부의 노후생활자금은 준비될 수 있을 것으로 예상됨. 그리고 64세 1년간도 매월 필요자금의 절반(160만원)은 확보가 되어 있기 때문에 별도로 자금을 준비하기 보다는 상황에 따라 대처하는 것이 더 효율적이며 간결한 설계임.

● 부족자금

이 부부는 맞벌이를 해서 각각 국민연금과 퇴직연금을 수령할 수 있기 때문에 필요한 노후생활자금이 준비될 것으로 예상되지만 노후에 해외여행이나 기타 풍요로운 노후를 위해 준비된 자금 외에 추가적으로 매월 50~100만원 정도를 적립할 예정임.

● 부족자금을 해결하기 위한 금융상품

노후생활자금은 일생에 한번 준비하는 것이기 때문에 무엇보다 안전성이 중요하지만 이 가정의 경우는 풍요로운 노후를 위한 추가자금을 준비하는 것이니 다소 수익성도 고려하면서 종신토록 수령 가능한 상품으로 준비할 계획임.

<고려해 볼 수 있는 여러 금융상품들>

- 증권 -

TDF에 매월 50만원 납부.

(해설 : TDF는 2장 5.9 펀드에서 설명했던 상품으로 안전성과 적정수준의 수익률을 기대해 볼 수 있는 펀드여서 지금과 같은 경우 활용이 가능하겠지만 종신토록 연금형태로 받기 위해서는 노후에 상품의 적립금을 확인해 보고 다른 상품으로 변경을 고려해야 할 수도 있다.)

- 보험 -

매월 50만원을 생명보험의 종신형 연금보험이나 변액연금 또는 두 상품에 반반씩 나눠 가입.

(해설 : 먼저 월보험료 50만원을 설정한 것은 매월 여유자금에서 막연히 설정해 본 금액이며 다른 자금계획이 확정되면 변경될 수 있다. 그리고 제시한 두 상품 모두 평생 연금을 지급하는 상품이며 종신형 연금보험은 보험료를 연복리로 부리하고 변액연금은 보험료의 일부를 펀드로 운용한다. 변액연금에 대해 추가적인 설명을 하자면 변액연금은 투자형 보험상품이어서 금리로 부리하는 상품 보다 기대수익이 더 높지만 반대로 마이너스 수익이 발생할 수도 있다. 하지만 수익이 마이너스가 되면 최소한 납입보험료(주계약 보험료만 해당)를 기준으로 연금을 지급하기 때문에 원금손실이 발생하지 않도록 하는 안전장치는 있다. 더불어 연금을 개시하게 되면 상품 자체에 주식비율을 줄이고 채권비율을 높이는 기능이 있어 TDF와 유사한 형태

로 운용되는 상품도 있다. 따라서 본인의 성향을 고려(본인의 금융거래 경험과 금융회사에서 실시하는 적합성진단을 참조)해서 기대수익이 높은 변액연금에 가입하거나 일부만 가입하는 방법으로 노후에 필요한 추가자금을 준비해 볼 수 있다.

더불어 노후생활자금에 대해 좀 더 얘기해 보겠다. 이 가정의 남편은 90세, 부인은 95세까지 생존할 것으로 예상했지만 틀릴 수 있다. 이보다 짧을 수도 있고 길 수도 있다. 그리고 노후에는 노후생활자금이 중도에 끊기게 된다면 다른 방안을 찾는 것은 거의 불가능하다. 따라서 노후생활자금은 많이 나오는 것에 앞서 내가 생존해 있는 동안 계속 나와야 하는 것이 가장 중요한 고려 사항이다. 이런 성격을 갖춘 노후자금을 보면 국민연금, 퇴직연금, 생명보험의 종신형 연금보험을 들 수 있다. 간혹 부동산 임대수입으로 노후생활자금을 대체하려 계획을 세우는 경우가 있는데 이는 이미 재산을 형성한 일부 사람만 써 볼 수 있는 방법이며 부동산 경기 변화에 따라 임대수입도 변화가 생길 수 있기 때문에 안정적인 노후생활을 장담하기는 어렵다. 특히 대출을 받아 구입한 부동산의 경우는 더 그러하다. 실제 부동산 임대소득을 받고 있는 경우 중 부동산 경기나 규제의 변화에 따라 임대소득에 변화가 생겨 재산은 많지만 노후생활비 확보에 어려움을 겪는 사례도 발생하고 있다. 한참 경제활동을 하는 시기에는 어느 정도의 변동성은 소화할 수 있지만 노후에는 변동성이 적을수록 좋다. 따라서 노후생활비는 위에 언급한 3가지 연금(국민연금, 퇴직연금, 생명보험 종신형 연금)을 중심으로 준비했을 때 노후에 별도의 관리가 없어도 노후생활비를 안정적으로 확보할 수 있는데, 연금부자가 많은 선진국의 사례에서도 이렇게 연금으로 준비하는 것이 안정적인 노후에 도움이 된다는 것은 증명되고 있다.)

●기타

우리나라는 곧 65세 이상 인구가 전체인구의 20%를 넘는 초고령사회에 진입하게 된다. 이 때 노인들이 얼만큼 소비력을 갖추고 노후생활을 하는가에 따라 노인 본인 뿐 아니라 국가경제에도 많은 영향을 미치게 된다. 이에 노후생활자금 마련에 대한 몇가지 주의점에 대해 얘기해 보겠다.

첫째, 2024년 기준 여러 기관에서 조사한 결과 노후생활비는 부부를 기준으로 최저생활을 위해서 매월 약 230만원, 표준생활을 위해서는 약270만원~320만원 정도 필요하다고 한다. 그런데 이 금액은 모든 가정에 일률적으로 적용할 수 있는 것이 아닌 일명 평균의 함정일 수 있으며 필요한 노후생활비를 가늠해 보기 위한 기준 정도로 생각하는 것이 좋다. 실제는 부부가 계획하는 노후생활을 기준으로 금액을 추정해 봐야 한다.

둘째, 지금 예로 든 이 가정의 경우 부부가 맞벌이를 해서 남편 65세 이후에는 표준생활수준 이상이 가능할 것으로 예상되지만 외벌이를 한다면 표준생활수준의 준비만 되는 것을 알 수 있다. 국가의 복지정책은 모든 사람이 부자로 살 수 있는 수준을 목표로 하지 않는다. 모든 사람이 최저생활 이상으로 살 수 있는 것을 목표로 한다. 모두가 부자로 살게 하려면 더 많은 세금을 걷어야 할 것인데 이는 경제에 좋지 않은 영향을 미치게 되므로 바람직한 방향으로 보기 어렵고 실제 유럽 선진국 중 세금을 많이 징수해서 복지를 강화하는 정책을 폈던 국가도 지금은 정부차원의 과도한 복지정책은 줄이고 있는 실정이다. 따라서 개인의 풍요로운 삶을 위해서는 국가보장, 기업보장(퇴직연금), 개인이 스스로 준비하는 보장이 모두 합쳐졌을 때 가능한 것으로 인식해야 한다.

셋째, 노후생활자금에 보탬이 되는 요소로 부모의 상속자금, 주택연금 등도 생각해 볼 수 있다. 요즘은 평균수명 증가로 부모님의 상속재산을 받게 될 때 자녀도 노인인 경우가 흔하다. 일명 노노상속이라 하는데 개인별로 상속 받을 수 있는 재산규모를 가늠해서 노후생활자금의 추가금액으로 설정해 놓을 수도 있다. 물론 상속자금에 많은 기대를 하는 것은 적절하지 않다. 하지만 언젠가는 당연히 발생하는 일이기도 하니 고려하고 있어야 한다. 그리고 주택연금은 2024년 현재 부동산 가격공시에 관한 법률에서 공시 또는 고시되는 가격이 12억 이하인 주택을 대상으로 역모기지(부동산 담보대출 개념)를 받아 노후생활비로 사용할 수 있기 때문에 역시 개인별로 추가 노후생활비로 설정해 놓을 수 있다.

넷째, 노후생활자금의 위협요소로 손꼽히는 노후의료비 문제다. 의료비는 지출할 수 밖에 없는 비용이며 노후파산의 주된 요인이 되기도 한다. 그리고 이런 위험을 관리하는데 최적화 된 것이 보험이기는 한데 나이가 들면 가입이 까다로워지는 경우가 많고 보험료 납입이 부담 될 수도 있으니 젊을 때 미리 계획을 세워봐야 한다. 간혹 노후의료비를 막연히 돈을 저축해 놓으면 대처가 될 것이라 생각하는 경우가 있는데 필자의 경험으로 봤을 때 그런 수준의 현금부자는 그렇게 많지 않았다.

다섯째, 노후에 부모나 자녀를 부양하게 될 수도 있다. 내가 노인이 됐지만 장수시대를 맞아 부모님이 생존해 계실 수 있는데 혹시 간병이 필요한 상태에 있을 수도 있으며, 성인이 된 자녀가 캥거루족이 되어 노인이 된 나의 품을 떠나지 않으려 할 수도 있다. 이는 노후에 육체적, 경제적으로 어려운 상황을 맞이할 수 있다는 것이며 현금성 자산이 많을수록 이런 어려움을 타개할 가능성은 높아진다.

③자녀 교육·결혼자금

● 필요자금

3세 ~ 초등학교 입학 전 매월 50만원, 초등학교 매월 70만원, 중학교 매월 100만원, 고등학교 매월 150만원, 대학교 매년 1,500만원, 27년 후(자녀30세) 결혼자금 1억5,000만원

● 준비자금

교육자금은 지금부터 중학교 졸업까지는 매월 수입에서 충당(월 50만원)하지만 고등학교 사교육비, 대학교 등록금 및 용돈, 자녀 결혼자금은 부족함.

● 부족자금

고등학교부터 대학교까지 7년간은 매월 약 150만원(현재가치 기준)이 소요

될 것으로 예상되며 학비가 대략 물가상승률과 비슷한 수준으로 인상(매년 2.5%)될 것으로 예상해 보면 자녀가 3세인 현재 기준 150만원은 14년 후 고등학교 입학시에는 약 212만원이 됨. 따라서 매월 212만원X12개월X7년 = 1억7,808만원이기 때문에 14년 후 만기금액이 약 1억8,000만원인 금융상품을 준비해야 함.

다음은 27년 후 자녀 결혼자금 1억5,000만원에 대해 얘기해 보면, 2024년 세법 기준으로 자녀가 결혼할 때 증여세 없이 자녀에게 증여할 수 있는 금액이 1억5,000만원(성인자녀 증여공제 5,000만원 + 결혼·출산증여공제 1억)임. 그래서 1억5,000만원을 설정해 보았는데 이 역시 물가상승률(매년 2.5%)을 감안하면 27년 후 약 2억9,217만원이 됨.(단, 현행세법이 유지된다면 약1,800만원 수준의 증여세 발생)

● 자녀 교육 부족자금을 해결하기 위한 금융상품

이 가정이 자녀 교육자금을 준비할 때 먼저 주목해야 할 것은 교육자금이 집중적으로 들어가는 시기가 14년 뒤라는 것임. 이는 어느 정도 장기이기 때문에 복리효과를 보기에 적절하며 투자위험을 관리하기에도 유리한 측면이 있음. 따라서 금융기관으로 보면 증권회사(투자)나 보험회사(복리)를 먼저 고려해 볼 수 있고 성향에 따라 은행 적금을 활용해 볼 수도 있음.

<고려해 볼 수 있는 여러 금융상품들>

- 증권 -

투자금의 일부는 코스피시장 전체에 분산이 되는 ETF에 적립식으로 가입하고, 일부는 산업을 대표하는 우량주식을 5종목 이내에서 상황에 따라 분할 매입. 투자 금액은 미정.

(해설 : 코스피에 분산투자 하는 ETF는 중간수익, 중간위험을 추구하는 대표적 상품이다. 그리고 산업을 대표하는 주식이란 향후 산업구조를 봤을 때 장기적으로 발전이 예상되는 산업 중 이를 대표하는 기업의 주식을 말한다. 그리고 5종목 이내로 해야 하는 이유는 투자를 업으로 하지 않는 일반소비자가 이 이상의 종목을 관리한다는 것은 득보다 실이 많을 가능성이 높다. 예를 들어 소비자가 투자로 매월 100만원을 확실하게 번다는 것은 매우 어렵거나 불가능 할 수 있다. 하지만 본업을 열심히 해서 성과를 낸다면 이 100만원의 가능성은 더 높아질 수 있다. 그리고 분할 매입이란 5종목을 같은 날짜에 한번만 매입하는 것이 아니라 시장분석 결과나 상황변화 등으로 어떤 종목은 지금 어떤 종목은 몇 개월 후에 매입할 수 있다는 것이며 1~2종목만 거래할 수도 있다. 이는 가격변화를 예측해서 투자하는 마켓타이밍(기술적분석) 기법을 말하는 것이 아니며 기본적분석을 근거로 한 투자시기 조절을 말한다. 또한 적립식 펀드처럼 여러 번 나눠서 매입하는 것을 말한다.)

- 보험 -

저축보험에 가입하고 연복리로 적립금을 불려 필요한 시기가 됐을 때 필요 금액을 인출하거나 변액적립보험(저축성 변액유니버설보험)에 가입해서 더 높은 수익을 기대해 볼 수 있음. 보험료는 미정.

(해설 : 저축보험은 연복리를 적용하기 때문에 장기적으로 자금을 만들 때 복리의 이점을 누릴 수 있으며 조건을 만족하는 경우 이자소득세 비과세도 가능하며 중도인출 기능이 있는 경우 계약을 해지하지 않아도 필요한 금액만 찾을 수 있다. 변액적립보험은 특별히 만기가 정해져 있지 않은 형태가 대부분이다. 즉, 평생토록 보유할 수 있는 저축보험이란 얘기이며 유니버설 기능이 있기에 계약을 해지하지 않더라도 상품에서 정해 놓은 조건을 만족하면 자유롭게 자금을 입출금 할 수 있고 이자소득세 비과세 기준은 일반보험과 동일하다.)

- 은행 -

은행 적금은 14년 만기 상품이 없기 때문에 1년 만기가 되면 만기금액 전부를 다시 예금하고 적금은 적금대로 계속 납입하는 방법으로 함. 14년 후 약 1억8,000만원을 만들기 위해서는 연 3%금리일 때 매월 약 89만원을 납입하면 되고 이것을 기준으로 투자상품이나 보험상품과 비교해 볼 수 있는데 상품의 다른 기능도 복합적으로 고려해 볼 필요가 있음.

(해설 : 은행 적금은 매년 만기가 도래하며 만족감을 주기도 하지만 장기로 저축하다 보면 중간에 다른 용도로 사용하게 되는 일이 생길 수 있다. 따라서 사회 일각에서는 강제로 저축하는 것이 필요하다는 주장을 하기도 한다. 어찌됐건 적금은 안정적으로 목표자금을 형성하기에 좋은 수단 중 하나이며 개인 성향에 따라 가장 적합한 수단이 될 수도 있다. 만기가 되면 일부만 인출할 수는 없고 만기금액 전부를 수령해야 하며 만기금액을 찾을

때마다 이자소득세를 납부해야 한다.)

● 자녀 결혼 부족자금을 해결하기 위한 금융상품

이 가정의 자녀가 결혼하는 27년 후를 보면 남편은 퇴직해서 연금 공백기에 있으며, 부인은 퇴직을 앞둔 시점이다. 이 시기에 자녀 결혼자금을 지출한다는 것은 미리 준비된 자금이 없다면 부부의 노후생활 준비에 적지 않은 영향을 미칠 수 있다. 따라서 장기적 안목에서 자금준비가 필요하고 상황에 따라 부부의 노후생활자금으로 전용도 가능하기 때문에 자녀의 결혼자금을 별도로 준비하는 것은 안정적인 재정계획에 필요하다.

<고려해 볼 수 있는 여러 금융상품들>

- 증권 -

자녀 결혼자금은 교육자금 보다는 상대적으로 중요성이 떨어지기 때문에 일정 수준 이내에서 투자위험을 약간 높여 기대수익률을 높이는 대신 투자하는 금액은 줄여서 최종 결과는 동일하게 하는 방법을 선택함. 이에 산업을 대표하는 우량주식을 5종목 이내에 매월 30만원 수준 분할 매입함.

- 보험 -

변액적립보험에 매월 30만원을 납입하고 펀드는 ETF, 인덱스펀드, 해외펀드, 가치펀드 중심으로 선택함.

(해설 : 변액보험에 가입하면 여러 종류의 펀드를 선택할 수 있다. 그리고 일정수준 기대수익을 높이기 위해서는 이와 같은 펀드를 선택하는 것이 좋다 할 수 있다.)

● 기타

자녀가 대학 재학중인 기간은 대부분의 가정에서 교육자금이 집중적으로 소요되는 기간이기 때문에 이 시기를 위한 별도의 준비가 필요하며 이 부분이 준비되어 있지 않으면 노후자금 준비에 영향을 미치거나 퇴직을 앞두고 대출을 받아야 하는 부담이 생길 수도 있다. 그리고 교육자금은 자녀의 학업성취도에 따라 변화가 있을 수 있다. 특히 대학원 진학, 해외연수 등이 추가되는 경우 많은 자금이 필요할 수도 있기 때문에 자녀의 결혼자금을 별도로 준비해 놓으면 이런 자금소요에 대응하기 좋다.

④ 주택자금

● 필요자금

7년 뒤 주택확장자금 1억, 12년 뒤 주택구입자금 3억

● 준비자금

예금 5,000만원, 주식 1,000만원

● 부족자금

부동산 필요자금은 현재가치 기준이며 매년 부동산가격 상승률을 2.5%(전세 2년 후 5%인상)로 하면 7년뒤 1억1,887만원, 12년뒤 4억347만원이 필요하게 된다. 준비자금 중 예금 5,000만원은 매년 재예치(금리 연 3% 예상하면 세후 5,959만원)하여 7년 뒤 주택확장에 사용하고, 주식 1,000만원은 주

식의 장기투자에 따른 기대수익률(연 7%복리 수익, 세금은 없는 것으로 할 때 2,252만원)을 예상해서 12년 뒤 주택구입자금에 사용한다. 따라서 7년 뒤 부족자금은 1억1,887만원 – 5,959만원 = 5,928만원, 12년 뒤 부족자금은 4억347만원 – 2,252만원 = 3억8,095만원이 된다.

● 주택구입 부족자금을 해결하기 위한 금융상품

주택구입 부족자금을 마련하기 위한 금융상품을 고려할 때 먼저 주의해야 할 것은 부족자금을 마련하기 위한 기간이 7년과 12년이라는 것이다. 일반적으로 이 정도 거래기간은 금융거래 기간에서 단기, 중기, 장기 중 중기로 보는 것이 타당하고 이런 경우 증권회사 상품에서 관련 상품을 찾아보는 것이 합리적일 수 있다.

<고려해 볼 수 있는 여러 금융상품들>

- 증권 -

채권 또는 신종자본증권

(해설 : 기대수익률이 연5~7% 수준의 채권관련 상품에 투자하는 것을 고려할 수 있는데 채권 직접투자나 신종자본증권 등을 생각해 볼 수 있고 세금을 감안하지 않고 연복리 5% 수익을 예상했을 때 7년 뒤 부족자금(5,928만원)을 마련하기 위해서는 7년 동안 매월 약 59만원을 투자해야 하고, 12년 뒤 부족자금(3억8,095만원)을 마련하기 위해서는 12년 동안 매월 약 195만원을 투자해야 한다. 혹은 위험을 일정수준 더 부담하더라도 더 높은 기대수익을 원한다면 주식관련 상품도 생각해 볼 수 있다.)

- 은행 -

적금 또는 예금

(해설 : 세후 기준으로 은행금리가 연 3%일 때 7년 뒤 부족자금(5,928만원)을 마련하기 위해 7년 동안 매월 약 65만원을 적금해야 하고, 12년 뒤 부족자금(3억8,095만원)을 마련하기 위해 12년 동안 매월 약 230만원을 적금해야 한다.)

- 보험 -

저축성 보험

(해설 : 생명보험 저축상품은 연복리 또는 변액보험의 펀드수익률로 적립금을 쌓을 수 있는데 비용 선취방식 특성상 7년이나 12년 정도의 기간으로는 큰 복리효과를 기대하기 어렵다. 단, 저해약 상품의 경우는 실제 상품을 기준으로 확인해 봐야 한다.)

- 대출 -

주택관련 자금을 마련하기 위해서는 위에서 계산해 본 것처럼 월수입에서 감당하기 어려운 수준의 저축이 필요함. 따라서 주택을 확장하거나 구입하는 시점에 적절한 대출상품을 알아봐야 할 필요성도 있지만 수익창출을 위한 임대사업 목적이 아니기 때문에 대출금액을 최소로 할 수 있는 대책이 필요함. 따라서 최종적인 대출계획은 재무설계 1차안을 정하고 수정을 거쳐 최종안을 확정할 때 수립하는 것으로 함.

●기타

자산배분 없이 주택구입에만 모든 자원을 집중하는 경우 다른 필수자금을 준비하는 시기를 늦출 수밖에 없게 되며, 이렇게 되면 복리효과나 투자위험을 관리(투자수익률을 관리)하는데 필요한 시간을 확보할 수 없기 때문에 전체적인 자산운용 수익률이 떨어지게 된다. 따라서 주택을 확장하거나 구입하는 시기를 몇 년 늦추더라도 다른 자금도 지금 같이 준비하는 것이 자산운용에 더 좋은 결과를 가져오게 된다.

⑤비상예비자금

● 필요자금

1,500만원

● 준비자금

없음

● 부족자금

1,500만원

● 비상예비자금 부족자금을 해결하기 위한 금융상품

비상예비자금은 다른 자금을 우선순위로 준비한 뒤 남는 여유자금으로 준비하는 것이 좋으며, 가정의 수입이 단절됐을 때 대출금 상환 뿐 아니라 평소 다양한 용도로 사용할 목적으로 준비해 볼 수 있다. 단, 다른 용도로 사용할 경우 단시간 내에 다시 확보할 수 있는 대책을 강구하고 사용함으로써 본래의 목적을 달성할 수 있도록 해야 한다.

<고려해 볼 수 있는 여러 금융상품들>

특별히 금융회사를 구분하기 보다 낮은 이율이라도 매일 이자가 붙으며 수시로 입·출금이 가능한 단기상품으로 운용함.

- 단기상품 -

MMF, CMA, MMT 등 단기상품으로 운영해서 소액이긴 해도 매일 이자가 붙고 필요한 경우 언제든 사용할 수 있게 함.

이상으로 서민층 가정의 재무설계를 시연해 봤는데 이는 1차 설계이며, 전체적인 내용을 보며 조정이 필요하다.

<현재가치 기준>

구분	필요자금	준비자금	부족자금	부족자금 마련을 위한 금융상품			비고
				대표상품	매월납입		
가정의 생활자금	남편61세까지 매월 400만원	월수입 400만원과 남편 퇴직연금 일부	없음	-	-		
노후생활자금	남편62세 이후 매월 320만원+ 매월 50~100만원	부부의 국민연금,퇴직연금	남편62세 이후 매월 50~100만원	연금보험	50만원		주택연금, 부모상속
자녀 교육·결혼자금	3억8,040만원	월수입 50만원 (자녀 중학교까지)	고등~대학 : 매월 150만원, 결혼 1억5,000만원	증권,보험	50만원+89만원(고등,대학) +30만원(결혼)		대학원, 유학
주택자금	4억	예금5,000만원, 주식1,000만원	3억5,000만원	증권	매월 161만원 납입 + 확장이나 구입 할 때 대출활용		
비상예비자금	1,500만원	없음	1,500만원	단기상품	20만원		

<표 3-3> 재무설계 1차 결과

그리고 지금까지 5대 생활자금을 설계한 것을 한번에 정리해 보면 <표 3-3>과 같고, 가정의 매월 수입 800만원을 5대 생활자금 준비에 배분한 것은 <표 3-4>와 같다.

구분	가정의 생활자금	노후생활자금	자녀 교육·결혼자금	주택자금	비상예비자금	계
지출	400만원	50만원	169만원	161만원	20만원	800만원

<표 3-4> 월수입 자산배분 1차 결과

1차 재무설계 결과를 보면 특별히 고수익을 추구하는 금융상품을 선택한 것이 아니어서 금융상품으로 인한 큰 변동은 없을 것으로 예상되나 이와 같은 설계에는 다음과 같은 전제조건이 만족해야 한다.

① 부부가 60세까지 일하고 국민연금, 퇴직연금의 온전한 수급자가 된다.
② 부부에게 심각한 보험사고(중대한 질병이나 재해 또는 사망)가 발생하지 않는다.
③ 저축금리 3%, 물가상승률(부동산가격 상승률) 2.5%, 투자수익률 5%, 대출금리 5%

하지만 이런 전제조건에는 변화가 생길 수 있기 때문에 재무설계는 이에 대응하는 위험관리를 해야 한다.

①번은 재무설계에 의해 달성되는 것이 아니라 부부가 직업경력 관리를 해야 한다.

②번은 재무설계 중 보험으로 위험관리를 해야 한다. 하지만 보험사고가 생겼을 때 완전한 원상복귀는 거의 불가능하다. 보험금으로 보험사고 이전과 동일하게 회복하려면 평소 막대한 보험료를 납부해야 하는데 이는 오히려 역효과를 낳을 수도 있다. 따라서 보험은 재앙적 수준의 사고가 생겼을 때 갑작스런 파산을 막고 대처할 수 있는 시간을 벌 수 있는 수준의 준비가 필요하다.

③번은 대부분이 체계적 위험이기 때문에 개인의 힘으로 관리하기 어렵고, 변화가 생겼을 때 재무설계(안)을 재검토해서 수정하는 작업이 필요하다.

따라서 이와 같은 내용을 반영해서 1차 재무설계안을 다음과 같이 조정할 수 있다.

i) 1차 안의 전제조건 중 ②의 위험을 관리하기 위해서는 상품변경이 필요하다. 이 가정의 경우 풍요로운 노후생활을 위해 연금에 매월 50만원을 납입하는 계획을 세웠는데 부모님의 상속재산과 본인이 거주하는 주택의 주택연금 그리고 향후 여유자금(잠시 뒤에 언급함)도 예상되기 때문에 연금 준비목적의 50만원으로 다음과 같이 보장성 보험에 가입하여 위험을 대비한다.

· 보험가입내역 : CI/GI보험 35만원(남편 20만원+부인 15만원), 보장성 보험 15만원(발생 가능성 높은 질병과 재해를 보장하는 보험에 부부의 보험료합산 15만원)

이렇게 하면 부부 중 한사람에게 큰 사고가 발생했을 때 의료비로 인한 갑작스런 가정경제의 붕괴를 방어하면서 다시 상황에 대처하며 재무설계를 해 볼 수 있게 된다. 참고로 이런 보험사고가 발생하지 않으면 남편과 부인의 CI/GI보험 35만원의 일부는 적립금으로 쌓여 있기 때문에 노후자금으로 활용도 가능하다.

ii) 그리고 현재 보유하고 있는 대출 8,000만원을 재무설계에 반영해야 한다. 이는 지금 살고 있는 전세(3억)를 마련하기 위해 받았던 대출인데 레버리지를 위한 투자가 아니며 현재 예금(5,000만원)과 주식(1,000만원)의 수익이 대출이자에 미치지 못한다면 예금과 주식은 지금 바로 대출을 상환하는데 사용하는 것이 유리하다. 그렇게 되면 대출잔액은 2,000만원이 되고 주택확장까지 남은 7년간 대출금리 연 5%, 원리금균등상환(인터넷 계산기 계산)을 하게 되면 매월 약 28만원을 상환하면 된다. 그럼 최초 매월 주택자금으로 배분했던 161만원에서 지금 상환금액 28만원을 제외하면 미래 주택확장을 위해 매월 배정하는 금액은 133만원이 된다.

따라서 이런 i), ii)의 조정내용을 반영한 뒤의 재무설계 결과는 <표 3-5>, <표 3-6>과 같다.

<현재가치 기준>

구분	필요자금	준비자금	부족자금	대표상품	매월납입	비고
가정의 생활자금	남편61세까지 매월 400만원	월수입 400만원과 남편 퇴직연금 일부	없음	-	-	-
노후생활자금	남편62세 이후 매월 320만원 + 매월50~100만원	부부의 국민연금,퇴직연금	남편62세 이후 매월 50~100만원	연금보험	자녀 교육·결혼자금 납입 완료 후 여유자금을 활용해서 준비	주택연금, 부모상속
자녀 교육·결혼자금	3억8,040만원	월수입 50만원 (자녀 중학교까지)	고등~대학 : 매월 150만원, 결혼 1억5,000만원	증권,보험	50만원+89만원(고등,대학) +30만원(결혼)	대학원, 유학
주택자금	4억	-	4억	증권	매월 133만원 납입 + 구입 할 때 대출활용	
비상예비자금	1,500만원	없음	1,500만원	단기상품	20만원	

※ 매월 50만원으로 평생 위험관리 : CI/GI보험(남편 20만원, 부인15만원), 보장성보험(부부합산 15만원), 보험료 납입완료 되면 재검토 후 계속

<표 3-5> 조정 후 재무설계 결과

구분	가정의 생활자금	자녀 교육·결혼자금	주택자금	비상예비자금	대출상환	보장성보험	계
지출	400만원	169만원	133만원	20만원	28만원	50만원	800만원

<표 3-6> 조정 후 월수입 자산배분 결과

그리고 재무설계는 계획, 실행, 조정(검토)의 과정을 거친다고 했는데 조정은 언제 하는지가 관건이다. 이 가정의 경우 다음과 같이 조정시기를 정할 수 있다.

① 주택구입을 하는 12년 후 대출을 실행하게 되는데 이 때 재무설계안을 검토하면서 신규대출의 매월 원리금상환은 지금 설정해 놓은 주택자금 133만원을 한도로 진행한다.

② 자녀 중학교까지 교육자금 매월 50만원은 자녀가 중학교를 졸업하는

14년 뒤 여유자금이 되고, 자녀 고등학교~대학교 교육자금 매월 89만원은 자녀가 대학을 졸업하는 21년 뒤 여유자금이 되며, 자녀 결혼자금 30만원은 자녀가 결혼하는 27년 뒤 여유자금이 된다. 따라서 이 시기에 재무설계 검토가 필요하다. 즉, 각 시기마다 발생하는 여유자금을 어디에 사용할지 정하면 된다.

③ 남편의 퇴직을 5년 앞둔 20년 후에 특별한 재무적 이슈가 없더라도 재무설계 내용에 변화가 없는지 검토한다.

④ 이밖에 재무설계 전제조건에 변화가 생기거나 특별한 경제적 이슈가 발생하면 재무설계(안)을 검토한다.

이렇게 서민층의 재무설계를 사례를 통해 살펴봤다. 혹시 독자 중에 지금 계획을 세워보고 싶은 분이 있다면 예시한 것과 나이와 상황이 다르더라도 책을 참고해서 해 보기 바란다. 이 때 꼭 지켜야 할 것은 인생의 5대 생활자금으로 인생전체의 재무목표를 설정하는 것에서부터 시작한다는 것이다. 자산을 배분하고 상품을 결정하는 것은 그 다음이다.

그리고 재무목표를 100% 달성 못하는 결과가 나오더라도 재무설계를 해 본 것은 큰 의미가 있다. 미래 변화에 대한 대응력이 좋아질 뿐 아니라 뚜렷한 목표를 정해서 미래를 맞는 것과 그러지 않은 것에는 큰 차이가 있을 것이기 때문이다.

3. 중산층 재무설계

이 책에서는 중산층을 대출 없이 승용차(2024년 현재 약 7천만원 전후)를 보유하고 주택은 약간의 대출이 남아 있을 수도 있지만 대도시에 자가 주택을 보유하고 있으며 매달 적정 횟수의 외식과 연중 수차례 해외여행에 부담이 없는 수준이며 총재산은 순자산 기준 20억 이상이라 했다.

중산층은 재무설계를 하기 위해 5대 생활자금을 계산하지 않는다. 그리고 재무설계를 위해 정해진 틀을 활용하기 보다는 당사자와 얘기하며 본인의 장기 계획을 확정하고 거기에 맞는 개인별 맞춤설계를 한다. 대신 인생을 정리하는 시점에 다음 두가지 중 어떤 방식으로 본인의 자산을 처리할 계획인지 당사자의 의사를 확인하는 것이 필요하다. 하나는 본인을 위해 사용도 하지만 후손에게 재산을 물려줄 계획이 있는 것이고, 다른 하나는 모든 재산을 본인이 사용하고 후손에게는 물려줄 계획이 없는 경우이다.

먼저 전자의 경우처럼 후손에게 자산을 물려줄 계획이 있다면 다음 순서로 자산을 배분한다.

① 본인(부부)이 사용할 곳에 적합한 자산을 연결해 놓는다. 예를 들어 생활비로 매달 500만원을 사용하는데 이는 예금과 펀드에서 충당한다는 식이다. 자산을 목적에 맞게 배분하는 작업이다.

② 재산을 물려줄 후손들을 특정하고 관련 법률(민법 중심)을 검토해서 물려줄 재산을 정한다. 부모 생전에는 상속인들의 재산분쟁이 발생하더라도

부모가 조정하기 때문에 별다른 문제가 없지만 부모 사후에는 조정이 힘들고 분쟁이 파국으로 치닫는 경우도 발생한다. 상담했던 많은 고객은 이런 것에 대해 걱정하지 않는 분위기였으나 실제는 많이 발생하고 있는 것이 현실이다. 따라서 돌다리도 두드려 본다는 생각으로 부모가 생전에 분쟁을 미연에 방지하는 조치를 하는 것이 가족 모두를 위해 필요하다. 조치의 첫 번째는 재산을 받을 후손들을 특정하는 것이고 그 다음 물려주는 재산은 신탁이나 보험금으로 물려주는 것이 좋다. 두 상품은 재산분할과 관련해서 부모의 의사를 최대한 반영해서 특정 상속인에게만 재산을 물려줄 수도 있는데 여기에 더해 신탁은 재산증식을 하면서 물려주는 시점을 자유롭게 설정할 수 있고, 보험은 상속세를 절세할 수도 있다. 혹은 두 상품을 모두 활용하는 방법도 있는데 보험금으로 받아 신탁에 맡기는 형식이다.

다음은 후자의 경우처럼 후손에게 물려주는 것 없이 본인(부부)이 모든 자산을 사용하는 경우인데 전재산을 기부하는 경우도 포함된다. 이 경우도 재산을 물려주는 경우와 크게 다르지 않고 다음과 같은 순서로 자산을 배분하면 된다.

① 본인(부부)이 사용하고자 하는 곳에 각각 자산을 배분해 놓는다. 계획한 곳에 필요한 자금을 파악하고 관련 자산을 연계해 놓는다.

② 세법을 검토해서 혹시 후손들에게 과세문제가 발생하지 않는지 확인해야 한다. 세법에서는 추정상속재산이라 하여 부모가 사망한 이후 부모가 생전에 사용한 자금의 사용처나 상속인들이 사용한 자금의 출처를 조사할

수 있는데 상속인이 자금사용 용도를 소명하지 못하면 상속세가 과세될 수도 있다. 그리고 재산을 기부하는 경우 법에서는 상속인들의 삶을 보장하기 위해 유류분 제도를 시행하고 있기 때문에 부모의 의사와 달리 상속인들이 기부한 금액의 일부를 다시 반환 받을 수도 있다.

이상으로 중산층의 재무설계에 대해 간략히 살펴봤는데 중산층은 경우에 따라 지금처럼 간략하게 계획수립도 가능하지만 많은 경우는 복잡한 계획을 수립해야 할 수도 있다. 중요한 것은 본인이 어떤 계획을 갖고 있느냐가 중요하다.

4. 자산가층 재무설계

이 책은 자산가층을 자산 100억이상으로 본다 했는데 사실 이 책에서 자산가층 재무설계를 다루는 것은 적절하지 않을 수 있다. 특정 몇몇에게만 해당하는 사항이기 때문이다. 따라서 개념만 간략히 소개하고자 한다.

자산가층에게 필요한 것을 좀 과하게 얘기하자면 재무설계 보다는 재테크가 필요하고, 특히 절세에 관련된 사항이 중요하다. 자산가층은 소득세 최고세율 49.5%, 증여·상속세도 최고세율 50%(최대주주인 경우 60%)를 부담하는 경우가 많기 때문인데 이를 달리 말하면 절세를 하면 재산의 49.5%나 50~60%를 절약할 수 있다는 얘기가 되기 때문이다.

자산가층은 다음 내용을 보고 재무설계 방향을 잡아볼 수 있다.

① 자산가층은 이미 여러 금융회사와 거래를 하거나 계획하고 있을 것이다. 필자가 재직 중 경험했던 것인데 두 사례 모두 처음 만나는 자산가층 고객이었다. 첫번째 사례는 고객이 보험회사에 방문하면서 보험회사가 아닌 다른 금융회사 직원과 같이 방문한 적이 있었다. 이 직원은 보험관련 지식이 부족한 것 같았는데 필자의 얘기를 고객과 같이 들어보기 보다는 처음부터 본인 회사의 상품을 얘기하며 이 상품에 대해 어떻게 생각하는지 물어봤다. 또 다른 경우는 좀 괜찮은 방법인 것 같았는데 고객이 같이 온 동행을 모 대학의 교수라 소개했고 오늘은 그냥 가볍게 식사만 하면서 얘기하자고 했었다. 그리고 돌아오는 길에는 난생 처음 타보는 차로 집 근처까지 바래다주었다.

자산가층 고객들이 왜 이랬는지 느낌이 올 것이다. 상대방의 얘기가 믿을 만한 얘기인지 믿을만한 사람인지 확인하고 싶었던 것이다. 잠시 다른 얘기를 하자면 자산가 뿐 아니라 소비자는 금융상품에 가입할 때 주의를 기울이고 여러 사람의 의견을 들어보면 좋다. 단, 의견을 주는 사람은 그 분야에서 이론과 실무(근무 경력)를 겸비한 믿을만한 전문가여야 할 것이다. 이런 전문가를 알지 못한다면 소비자 본인도 공부를 해서 판단력을 키워야 하고, 상품판매에 앞서 고객을 교육시켜주고 상품에 가입해야 할 이유나 상품내용에 대해 몇시간이고 끈기 있게 말해주는 판매원을 만나보자.

② 다른 자산가의 사례에 귀 기울여 보자. 주변을 돌아보면 비슷한 상황에서 비슷한 고민을 했던 인생선배가 있다. 이런 분들의 여러 사례를 듣다

보면 어떻게 하는 것이 가장 현명한 방법이라는 것에 힌트를 얻을 수 있다. 필자는 자산가의 유족 특히 배우자(부인)와 몇 차례 상담했던 적이 있는데 대부분 상속세 납부에 어려움을 겪은 후였고 앞으로는 후손들에게 이런 어려움이 없게 하기 위한 방법을 찾고 있었다. 자산가층은 얼만큼 빨리 사전 대비를 하냐에 따라 수억, 수십억 이상의 자산을 지킬 수도 있는데 늦으면 늦을수록 선택할 수 있는 대안은 줄어든다.

5. 1인 가구 재무설계

현재 우리나라는 1인 가구가 계속 증가하고 있다. 그리고 그 원인으로 가치관의 변화와 재무적 요인 등이 지목되고 있다. 가치관의 변화는 여기서 언급할 내용은 아니지만 재무적 요인에 의한 1인 가구 증가는 재무설계 측면에서 고려해 봐야 할 내용이다.

재무적 요인에 의한 1인 가구 증가는 갖고 있는 재산이 적기 때문이라고 한다. 그런데 젊은 1인 가구는 수입이 많으면 미래에 대해 막연한 낙관을 하기 쉽고, 만약 수입이 적더라도 언제라도 일 할 수 있는 체력과 부모님의 조력이 있기 때문에 당장 문제를 인식하지 못할 수도 있다. 하지만 노년이 되면 심각한 경제적 문제에 봉착할 가능성이 높아진다. 수입은 급감하는데 지출은 줄지 않거나 의료비 부담으로 인해 오히려 늘어날 가능성도 있고 복지정책만으로 생활하기에는 부족함이 많기 때문이다. 이는 가끔 보도되는 노인 1인 가구의 현실을 보면 알 수 있다.

본 책에서 예로 든 서민층 맞벌이 부부의 재무설계를 보자. 3인 가정의 생활비 수준, 자녀 교육비 등을 보면 지출이 많지만 맞벌이를 하기 때문에 가정의 수입도 많아서 대부분 대처를 하고 있다. 그리고 노후에 준비되는 자금을 보면 외벌이 했을 때 보다 확연히 잘 준비되어 있다. 물론 가정마다 정도가 다를 수는 있겠지만 1인 가구 보다 맞벌이 가정이 재정적인 측면에서 더 우월하다는 것은 쉽게 알 수 있다. 따라서 재정적 문제를 벗어나고자 한다면 뜻이 맞는 배우자 후보를 찾아 이 책을 참고해서 같이 재무설계 해 볼 것을 추천한다.

이상으로 이 책의 집필을 마치며.. 이 책이 독자에게

『재무목표를 확정하고, 목표를 달성하기 위한 금융상품을 고를 수 있는 안목을 갖춰서, 재무계획을 설계하고 오랜 시간에 걸쳐 목표를 모두 이루는 것』에 도움이 된다면 필자에겐 무한한 영광이 될 것이다.

재무설계와 금융상품

€ FPC

==

펴낸이 김설(金雪)　|　**인쇄** 아텍디자인　|　**출판** 지어나눔